APOCALYPSEURO
occidentali's dramma

Eugenio Benetazzo
Gianluca Versace

ISBN 978-15-46469-66-7

I lettori che desiderano informarsi sulle opere precedenti e redatte periodicamente dalla casa editrice oltre alle attività professionali dell'autore possono consultare **www.eugeniobenetazzo.com**

Stampa on demand a cura di CreateSpace, an Amazon.com Company nel pieno rispetto del patrimonio boschivo. Revisione del testo ed impaginazione nel mese di Maggio 2017.

Soltanto i pesci morti seguono la corrente
Mark Joseph Mobius

INDICE

PREFAZIONE
di Magdi Cristiano Allam

Mentre il simbolo degli Stati Uniti d'America è la "Statua della libertà", il simbolo dell'Unione Europea è la "Statua dell'Euro" collocata nelle vicinanze dell'ingresso alla sede del Parlamento europeo a Bruxelles. Così come la libertà è concepita come la quintessenza della civiltà americana, l'euro è concepito come la ragione d'essere e l'apice della civiltà di questa Europa.

Ne consegue che tutte le istituzioni dell'Unione Europea, i governi degli Stati che aderiscono all'euro, la Banca Centrale Europea e la grande finanza globalizzata che supporta l'Eurocrazia, sono perennemente mobilitati a difesa dell'euro come fulcro della costruzione europea. L'atteggiamento nei confronti di chi volesse uscire dall'euro per riscattare la sovranità monetaria è a tal punto sanzionatorio che il Trattato di Lisbona, entrato ufficialmente in vigore il primo dicembre 2009, esclude la possibilità di uscire solo dall'euro e prevede che chi volesse riscattare la sovranità monetaria debba obbligatoriamente abbandonare l'Unione Europea.

Non sorprende pertanto che si assista a una vera e propria offensiva politica, mediatica, legale e anche finanziaria per screditare, sanzionare, danneggiare e bloccare la possibile ascesa al potere dei soggetti politici che promuovono l'uscita dall'euro e il riscatto della sovranità monetaria e nazionale. È successo in Austria, in Olanda e più recentemente in Francia. Nel caso della Gran Bretagna è stato diverso perché, non avendo aderito all'euro, la mobilitazione ha riguardato l'opposizione all'uscita dall'Unione Europea, una eventualità che potrebbe interessare altri 7 Stati.

Il caso di Marine Le Pen, che ha riscosso un buon consenso elettorale al primo turno delle Presidenziali in Francia il 23 aprile 2017, è emblematico. Proprio a ridosso delle elezioni, è stata messa sotto accusa sia dal Parlamento europeo sia dal Tribunale di Nanterre, mentre i mezzi di comunicazione di massa hanno sferrato una campagna denigratoria nei suoi confronti.

Si impone una riflessione sul decadimento dell'istituto della democrazia in Occidente nel momento in cui si criminalizzano le persone a prescindere dalla legittimità delle loro idee. E di questa esigenza si fanno carico, con coraggio, onestà intellettuale e chiarezza, Eugenio Benetazzo e Gianluca Versace con il loro libro. Ci domandiamo se sia legittimo rivendicare il riscatto della sovranità monetaria per riattribuire allo Stato la prerogativa di emettere moneta a credito, che si traduce nell'abbandono dell'euro. Se sia legittimo rivendicare il riscatto della sovranità legislativa e giudiziaria, in un contesto in cui l'80% delle leggi nazionali sono la trasposizione di direttive e regolamenti europei e le sentenze emesse dalle Corti europee prevalgono su quelle dei tribunali nazionali, che si traduce nell'uscita dall'Unione Europea. Se sia legittimo rivendicare il riscatto della sovranità in materia di difesa e di sicurezza, in un mondo profondamente mutato dove il nemico da sconfiggere è il terrorismo islamico che si annida dentro casa nostra e sulle altre sponde del Mediterraneo, rendendo "obsoleta" la Nato come ha ammesso Trump. Se sia legittimo rivendicare la salvaguardia della nostra società e la difesa della nostra civiltà promuovendo la cultura della rigenerazione della vita in seno alla popolazione autoctona e dell'orgoglio di chi siamo, che significa bloccare la follia suicida di chi immagina che il nostro tracollo demografico vada colmato con l'auto-invasione di milioni di giovani africani, mediorientali e asiatici che finanziamo per sostituirci.

Ebbene se queste idee non violano le leggi dello Stato devono essere rispettate anche da parte di chi non le condivide. Se invece si criminalizza chi le sostiene, imponendogli dei "marchi infamanti" come "populista", "nazionalista", "fascista", "razzista", "omofobo", "islamofobo", la conseguenza sarà la morte della nostra democrazia che si fonda sul confronto dialettico tra idee diverse.

Le persone vanno sempre e comunque rispettate. Sono le idee che possono e devono essere oggetto di valutazione e di critica, pervenendo alla scelta legittima di accettarle o rifiutarle. Siamo tutti sulla stessa barca: o ci si rispetta reciprocamente facendo prevalere le idee che raccolgono il consenso della maggioranza, o affonderemo tutti e nessuno di noi potrà più esprimere in libertà le proprie idee.

Magdi Cristiano Allam
www.magdicristianoallam.it

1

Facciamo il punto

Rieccoci, amici lettori: il fortunato sodalizio con Gianluca Versace si ripropone ancora, poiché – come nelle migliori tradizioni - non c'è due senza tre. E così ci ricaschiamo: per la terza volta, recidivi sempre senza sicumera e presunzione ma animati da un "patto di verità" tra noi e voi, confidiamo di riuscire ad riscuotere il successo dei precedenti lavori scritti a quattro mani, lavori che ci hanno fatto conoscere al pubblico italiano.

Dopo Neurolandia, correva l'anno 2012, con cui ed in cui abbiamo anticipato la crisi plumbea del debito sovrano, con la messa a regime delle reti di protezione finanziaria per gli stati europei; dopo Eurocracy, arrivato ad inizio 2016, con il quale abbiamo anticipato l'irresistibile ascesa dei movimenti populisti nelle economie avanzate. Non ci nascondiamo dietro ad una tastiera: in questo 2017 siamo chiamati a fare ancora meglio e di più. Come dire che dovremo essere ancora più capaci, sfacciati e coraggiosi: dovremo fare come coloro che nella storia dell'uomo si sono posti suol limite estremo dell'orizzonte visibile che ci è dato in sorte. Là dove è più rischioso cadere giù, ma dove è davvero necessario spingersi, se vogliamo poter avere la chance di anticipare il futuro. E non farsene trovare impreparati (e tramortiti), come purtroppo spesso ci è capitato nel recente passato. Per comune superficialità, ingenuità, impreparazione, viltà e pigrizia. Dopotutto, come spiegava il filosofo illuminista Voltaire, "chi non è capace di vivere lo spirito del proprio tempo, del proprio tempo si prende solo i mali".

E dunque dovevamo riprovarci, ne sentivamo il dovere morale e intellettuale. E per dare il "la" a questa nuova avventura editoriale (e programmatica, non ci nascondiamo perché noi due siamo umili ma non modesti), ci voleva un titolo per così dire "out of the box", cioè un titolo fuori linea e fuori schema, insomma qualcosa fuori dal coro proprio come piace a noi. Ormai ci conoscete, no?

L'ambizione esplicita, dichiarata a righe aperte in Apocalys€uro, è quella di anticipare nuovamente temi di portata macroeconomica che andranno ad impattare sulle nostre vite e sui nostri portafogli.

Il 2016 ha chiuso la sua agenda con grandi fenomeni di politica internazionale che hanno cambiato, di più: sovvertito, lo scenario mondiale. E hanno brutalmente, violentemente rimesso in discussione lo scacchiere dei principali players che, ad oggi, si sfidano contendendosi la nuova leadership mondiale. Non senza inquietanti incognite e variabili planetarie, ai confini del tema millenaristico dell'Apocalisse.

Abbiamo innanzitutto visto l'impatto mozzafiato della Brexit, l'uscita della Gran Bretagna dal mercato unico europeo decretata dal popolo inglese con un referendum storico: il 24 giugno 2016 apprendevamo, sgomenti e stupefatti visto ciò che ci avevano "narrato" i media (con la solita story telling sgangherata e in mala fede), che era arrivato il "Leave". L'addio UE della nuovamente "perfida Albione": e infatti il temutissimo "leave" da incubo esorcizzato si tramutava nell'alba livida di una realtà sconvolgente con il 51,9 % dei voti. Con una affluenza massiccia alle urne, del 72,2 % degli aventi diritto.

Sudditi, ma non fessi, diremmo noi: 17 milioni, 410 mila, 742. Che hanno spazzato via il pallido, anemico "remain", "rimaniamo", che otteneva 16 milioni, 141 mila, 241 voti. Scozia, Irlanda del Nord e London City hanno votato largamente per il "remain", mentre il "leave" ha prevalso in Galles e nel resto dell'Inghilterra.

Il trionfo altrettanto imprevisto (sempre dai media di regime appecoronati con i poteri forti) di Donald Trump negli Stati Uniti d'America e, non ultimo, il primo turno delle presidenziali francesi.

Pertanto, il 2017 prosegue con la rimanente parte dell'anno ricco di eventi di portata sistemica destinati a modificare, in caso di risultato anti establishment, l'ordine precostituito.

L'agenda prossima ventura è bella piena di appuntamenti, che si profilano come altrettanti snodi cruciali. Ci attendono nuovamente la Francia, con il rinnovo del Parlamento in calendario per metà giugno. La Spagna, con il referendum per l'indipendenza della Catalogna. La Germania, a settembre, con una non improbabile detronizzazione di frau Angela Merkel e l'elezione del socialdemocratico Martin Schulz alla guida del nuovo cancellierato. Sì, "quel" Martin Schulz protagonista di uno scontro dialettico famosissimo con l'allora premier italiano Silvio Berlusconi che si insediava da presidente di turno del Consiglio dell'Unione Europea: il 2 luglio 2003, a Strasburgo, nel corso della seduta del Parlamento europeo, ci fu l'acceso "confronto" verbale tra i due. Schulz, nel suo intervento in aula, accusò l'ex Cav. di conflitto di interessi, alludendo pesantemente al fatto che l'immunità parlamentare di cui godeva gli consentiva di sottrarsi alla giustizia. Berlusconi replicò così: "Signor Schulz, so che in Italia c'è un produttore che sta montando un film sui campi di concentramento nazisti: la suggerirò per il ruolo di Kapò. Lei è perfetto!". E Schulz, di rimando in un crescendo polemico rossiniano: "Il rispetto delle vittime del fascismo e del nazismo mi impediscono di commentare le sue parole. Mi chiedo se chi è capace di dire certe cose, può essere in grado di svolgere una funzione pubblica". A proposito, "kapò", nel gergo lagersprache dei lager nazisti, era il detenuto scelto come responsabile della disciplina e sorvegliante dei lavori degli altri prigionieri. Non proprio una figura portatrice di specchiata e luminosa immagine.

Andiamo avanti: il Congresso del Partito Comunista è previsto a fine anno in Cina, con il rinnovo di tutta la classe dirigente. Un turn over che si preannuncia capace di incidere a ricaduta sugli equilibro geo-politici dell'economia-mondo.

Infine, non dimentichiamo anche l'Italia, che probabilmente sarà chiamata ad andare alle urne prima della fine della legislatura in atto, presumibilmente tra ottobre e novembre prossimi, a fronte di uno scenario politico completamente allo sbando e in fase di rovinosa decomposizione.

Tuttavia, di questo ci occuperemo nell'ultima parte del nostro Apocalyps€uro.

E pertanto, noi su queste pagine proveremo a fare il punto sullo scenario planetario, sia nell'ambito della politica economica che monetaria, con l'idea di fornire un quadro propedeutico alla comprensione e all'analisi dei fenomeni, dalle dinamiche energeticamente impetuose, che stanno caratterizzando i cambiamenti sulle principali economie avanzate del pianeta. E dopo le quali, nulla sarà più come prima.

Il ciclo economico globale

L'economia mondiale, chiuso a consuntivo il 2016, si dimostra in fase di espansione con una proiezione di chiusura del 2017 di crescita economica pari ai 3.5 punti percentuali contro i 3.1 del 2016. Le aspettative per il 2018 sono addirittura di un'ulteriore accelerazione sino a 3.7 punti percentuali. I contributi alla crescita e ad una sua ripresa vigorosa sono fondamentalmente attribuibili a due players planetari; il primo gli Stati Uniti, che sono visti in espansione dall'1.6% del 2016 ai 2 punti percentuali ed, infine, il complesso aggregato degli emerging markets, ossia i Paesi emergenti che passeranno da una propulsione di 4.2 punti percentuali del 2016 ad oltre i 4.6, con una stima di ulteriore espansione a 5 per il 2018.

Rimangono, invece, al palo sia il blocco europeo, che per il 2017 è visto addirittura di poco in contrazione passando da 1.7 del 2017 a 1.6 previsti per il 2017. Conseguenza questa dell'impatto Brexit sui conti europei in aggregato. In aggiunta la Cina, che continua la sua fase di lento rallentamento economico passando da 6.6 del 2016 ai presunti 6.5 del 2017. Questo a causa del cambio di modello economico imposto dal Presidente Xi Jinping all'inizio del 2013. Sarà curioso vedere sempre la Cina come reimposterà la sua politica economica nella restante parte del decennio rettificando fino al 2020 il piano quinquennale precedentemente varato, che consente la trasformazione ed evoluzione del modello economico del Paese. Ricordiamo a fine anno l'evento di portata sistemica: il congresso del Partito Comunista in Cina, il quale detterà potenziali cambi di rotta delle linee guida precedentemente avallate e attuate.

Contribuiscono ad un miglioramento del ciclo economico globale l'uscita dalla recessione di due grande players planetari. Parliamo prima di ogni altro del Brasile e della Russia, veri e propri Stati-continente che lasciano le secche della recessione che le ha zavorrate negli ultimi due anni. Proiettandosi in avanti con lo slancio rinvigorito di una crescita economica ritrovata. Questo a fronte di una nuova leadership in Brasile sotto la guida di Michel Temer, che ha avviato i programmi di riforme frutto di una politica liberale di sviluppo del Paese, un "volta pagina carioca" imprescindibile, a nostro parere, per farla finita con la "politica" di matrice statalista e purtroppo gravemente intossicata ed inquinata da sacche endemiche di corruttela sistemica, che aveva in Dilma Rousseff il fulcro.

La Rousseff potremmo archiviarla – al di là della bagarre dell'impeachment - come il simbolo della malattia senile del "lulismo" senza Lula. Anche se, attenzione a dare per morto e sepolto l'ex sindacalista Luis Inacio Lula da Silva. "Li ucciderò di rabbia" minaccia neppure velatamente lui, redivivo: l'ex presidente brasiliano, imputato in cinque processi per i capi di imputazione di "ostruzione alle indagini", traffico di influenze e corruzione, non solo non getta la spugna. Ma annuncia la propria resurrezione: certo dell'appoggio popolare che, a suo vaticinare, lo porterà a ritmo di samba alle candidatura alle elezioni presidenziali in programma a ottobre del 2018, quando

Lula compirà 73 anni. Occhio amici, che i "soliti sondaggi" (anagramma, forse, dei soliti sospetti) confermerebbero che vincerà ancora lui. Crederci? Il suo programma "basico" era, in soldini, questo qua: liberare il Paese dalla dittatura militare e ridare dignità ai miserabili, apparecchiando loro la tavola per i celebri "tre pasti". Quindi, redistribuzione del reddito e crescita omogenea. E questo, tra alti e bassi, l'ex sindacalista figlio di analfabeti avrebbe tentato di fare negli otto anni della sua presidenza. L'interrogativo era: è stato sincero, Lula? Per i mercati, perlomeno nella fase iniziale del suo "stato nascente", sì.

Le inchieste che lo hanno colpito, dirompenti, ci portano ragionevolmente a nutrire dei dubbi. I dubbi, inoltre, cadono del tutto se valutiamo il "dopo" Lula. Ovvero, il catastrofico passaggio di consegne alla sua "inadatta" delfina brasileira Dilma. Cosa ha prodotto la "pupilla"? Crisi economica sanguinosa, criminalità dilagante, violenza sociale senza argini, un reticolato degno della tela di un ragno spregevole fatto di corruzione, privilegi, insipienza. Cui sono seguiti l'impeachment e gli ignominiosi rinvii a giudizio. La signora Rousseff è stata destituita "a forza" dalle sue funzioni il 31 agosto 2016, mentre strillava come una ossessa al "golpe" e mentre chiamava la piazza alla sollevazione popolare (e in effetti qualche corteo e manifestazione ci fu, ma tutto calcolato, poca roba). Secondo Dilma, infatti, l'artefice mefistofelico della sua detronizzazione sarebbe stato proprio il suo ex vice e attuale presidente Michel Temer.

Dicevamo, Lula è stato mandato alla sbarra cinque volte nell'inchiesta "Lava Jato" (Autolavaggio) sui fondi neri Petrobas. Il 3 maggio 2017, a Curitiba, Lula è stato interrogato nuovamente dal giudice federale della "Mani pulite" brasiliana, Sergio Moro, che è il responsabile in primo grado delle indagini a carico dell'ex presidente-operaio. Intanto, secondo fonti citate dal noto e diffuso giornale O Globo, gli inquirenti avrebbero recuperato 10 miliardi di real frutto di mazzette. E sono state già condannate 89 persone tra politici, faccendieri, imprenditori e burocrati, accumulando qualcosa come 1.300 anni di galera. Mentre di recente, per il filone dello scandalo Odebrecht, il procuratore generale Rodrigo Janot ha inviato alla Corte Suprema una nuova "lista" composta da più di 100 politici indagati. Tra cui, guarda un po', ancora Lula e la Rousseff. E poi il presidente della Camera, quello del Senato, una pletora di deputati e ministri e persino uomini dati per vicini a Temer. Ma che cosa è lo scandalo Odebrecht? Si tratta di una società edile che avrebbe unto a forza di bustarelle gli ingranaggi del potere in Brasile, coinvolgendo a macchia d'olio molti altri Paesi.

Un tracollo impressionante ha travolto il partito di Lula e Rousseff, chiamato Partito dei Lavoratori (Pt). E ha destabilizzato come un sisma il potere politico brasiliano. E perciò dell'intero Sud America.

Dal canto suo, Temer ha preso atto che i conti pubblici sono in profondo rosso stabile e l'economia è in recessione. Quindi, la sua ricetta è stata "lacrime e sangue": e così Temer ha varato una serie di misure di austerità e risanamento, tagliando tanto le pensioni che il pubblico impiego. Questo programma, secondo molti osservatori necessario, avrebbe cristallizzato Temer nell'immagine pubblica di un grigio "usurpatore" non eletto dal popolo (peraltro, una cosa inaudita e veramente sconosciuta per noi italiani ...). Si dovesse candidare Temer, per Lula - che un giorno sì e l'altro pure continua a ribadirsi vittima di una "persecuzione politica" - al netto della solita, inesorabile damnatio memoriae che a tutte le latitudini contamina sia il buono che il pessimo fatto da un politico, sarebbe facile sconfiggerlo a ottobre 2018. Sempre che per quel tempo sia ancora a piede libero. E noi non ci metteremmo la mano sul fuoco.

Venendo alla Russia, va premesso che quest'anno esce (dovrebbe uscire) dall'embargo commerciale imposto dalla NATO negli anni precedenti per la guerra con l'Ucraina per l'annessione della Crimea. Facciamo un passo retrospettivo. Nel novembre 2013, a Kiev iniziavano le manifestazioni contro il presidente filo-russo Viktor Yanukovych. Accusato di rafforzare i rapporti privilegiati, anche sul piano dell'interscambio commerciale, con Mosca, a discapito delle aperture della Unione Europea. E ovviamente avversando l'espansione della Nato verso l'ex blocco di stati del defunto Patto di Varsavia, una strategia favorita e sospinta dall'amministrazione Obama. Da allora, succedeva un po' di tutto, tra cui due invasioni e una guerra in verità mai chiusa. Yanukovych era fuggito, dopodiché la Russia aveva invaso la Crimea, assumendone il controllo in territorio ucraino, grazie all'azione dei "ribelli" filo russi. E in effetti, la guerriglia di queste formazioni paramilitari contro l'esercito ucraino, sta andando avanti anche mentre scriviamo, seppur ad intensità ridotta rispetto a tre anni fa.

Ancorché, dopo i colloqui di pace di Minsk (capitale Bielorussa) sia in vigore una tregua dall'inizio del 2015, tra febbraio e marzo 2017, sono ricominciati gli scontri in Ucraina orientale tra esercito ucraino e ribelli separatisti filo russi. A dicembre 2016, erano rimasti uccisi 17 militari di Kiev e decine di ribelli. Anche secondo noi, l'elezione in Usa di Trump potrebbe avere agito indirettamente da detonatore della recrudescenza bellica. Da subito, il governo ucraino ha manifestato la propria inquietudine e preoccupazione per l'ingresso alla Casa Bianca di The Donald. E parimenti, Trump non ha mai fatto mistero della sua volontà di collaborare con Putin. La questione vera sul tappeto è questa: Trump riuscirà ad eliminare le sanzioni contro la Russia che Obama ha fortemente voluto per "l'annessione illegale della Crimea" sino ad imporle (nostro malgrado) a tutta Eurolandia?

Dopo un passo avanti, Trump si è reso protagonista di un passo indietro, asserendo che è "ancora presto" per una eventuale "sospensione" delle sanzioni. L'effetto domino a nostro parere sarebbe sicuro: se gli Usa attuassero una moratoria delle sanzioni, anche l'UE farebbe altrettanto. L'Italia, sostenuto da Grecia, Bulgaria e Slovacchia, ha mosso timidi passi verso Bruxelles per mettere in discussione queste controverse sanzioni alla Russia.

Consentiteci qui di volare basso, facendo i classici conti della serva. Le sanzioni imposte dal "Premio Nobel per la Pace" Obama hanno un conto salato (e parziale) per l'Italia: a dicembre 2016, quando vi fu la proroga per altri sei mesi dell'embargo, Coldiretti - la maggiore organizzazione del settore primario nel nostro Paese – ha calcolato in 12 (dodici) miliardi il nostro danno economico, a causa delle mancate esportazioni dei prodotti dell'agro-alimentare Made in Italy. Almeno 215 mila posti di lavoro di nostri connazionali andati in fumo, inceneriti dall'idiozia servile dei nostri politici da strapazzo.

Nel primo trimestre 2015, l'esportazione italiana verso la Russia era precipitata: meno 45% di prodotti. Anche la Cgia di Mestre, l'Associazione degli Artigiani di cui è stato a lungo leader illuminato e lungimirante il compianto Giuseppe "Bepi" Bortolussi, ha fatto i suoi studi sulla catastrofe-sanzioni: l'export italiano è passato dai 10.7 miliardi del 2013, ai 7.1 miliardi del 2015. Crollo di più di un terzo delle esportazioni. E l'area del nostro Paese più colpita è il Nordest: secondo il Centro Studi Cgia, il Veneto nel 2015 aveva perso 688,2 milioni. La Lombardia 1,18 miliardi, l'Emilia-Romagna 771 milioni.

Lo stesso Centro Studi Cgia aggiornava il conto in progress: un danno incalcolabile, che ha messo in ginocchio, ad esempio, lo strategico MAAP (Mercato Agroalimentare di Padova), il primo mercato all'ingrosso italiano. Per dire, solo il mercato patavino ogni anno esportava verso Russia, Bielorussia, Ucraina, & Company oltre 50 milioni di euro. Di questi, oltre 30 milioni rappresentano l'incidenza della sola Russia. La ragione è semplice: la Russia ha catene di ipermercati enormi, che sarebbero delle vere e proprie "idrovore" dei nostri prodotti agroalimentari. Da Padova partivano uva, kiwi, mele e arance, ma anche verdure non velocemente deperibili (da Padova, infatti, il viaggio medio di un tir è di 5-6 giorni). Partivano, al passato. Perché tutto è cambiato, in peggio.

Come dire che la guerra commerciale ha spezzato letteralmente quella che era una crescita impetuosa e virtuosa, che incedeva a promettenti ritmi esponenziali, delle esportazioni agroalimentari tricolori verso Mosca: nei cinque anni antecedenti al "blocco", l'export italiano era più che raddoppiato: più 112%. Vogliamo postillare, inoltre, che al danno si aggiunge la beffa: siccome il mercato non tollera "vuoti", in Russia vi è un boom della produzione locale di prodotti "italian sound", ovvero tarocchi. Si va dal salame alla mortadella, dalla mozzarella ai formaggi, dalle verdure agli agrumi. Coldiretti affonda il coltello nella passività e nell'autolesionismo dei nostri politicanti da strapazzo, come al solito ubbidientemente a 90 gradi rispetto ai ricatti di Washington: come dire, darsi la zappa sui piedi da incoscienti. Gli Usa impongono ai nostri agricoltori la corda con il cappio e le istituzioni italiane ed europee non trovano di meglio che cospargerla di sapone. Complimenti per queste scelte scellerate che ci stanno portando alla disperazione. E che condannano l'Italia a morire di perdita di sovranità, indipendenza e libertà.

E il danno per l'Italia è doppio, poiché alle mancate esportazioni "dirette" si sommano le perdite che possiamo definire "indirette", visto che più proseguono le sanzioni che bloccano il "made in Italy" e più se ne distrugge l'immagine, favorendo la diffusione sul mercato russo di beceri prodotti di imitazione. Ed è stata danneggiata pesantemente anche la ristorazione di ispirazione italiana in Russia, per il venire meno degli ingredienti Doc e Dop necessari a darle credibilità in termini di tradizione e qualità.

Tornare indietro recuperando il terreno perduto, quando sarà e se sarà mai, si rivelerà commercialmente oneroso e comunicativamente complesso. Anche se non mancano visioni e punti di vista molto più pessimisti, come quello del direttore generale del mercato agroalimentare padovano, che sentenzia lapidario: "Possiamo perdere il mercato russo per sempre".

Torniamo adesso agli scenari militari. La Russia ha avviato un programma di militarizzazione del territorio della Crimea. Per fotografare il cambiamento dei tempi, citiamo un aspetto evidenziato dall'agenzia Reuters, "i bunker sparsi sulle colline usati dall'Armata Rossa nella Guerra Fredda, da pittoresche attrazioni turistiche sono tornati sotto il controllo del Ministero della Difesa russo e interdetti a tutti i non militari russi".

Ma ora dobbiamo aprire un'altra parentesi. Riguarda

un uomo, e che "uomo": Vladimir Vladimirovich Putin, lo "Zar di tutte le Russie". A marzo 2018 sono in agenda le elezioni presidenziali russe. Lo staff putiniano evidenzierebbe l'importanza che la quarta riconferma avvenga senza sforzi. Ovvero, senza un coinvolgimento massiccio di Putin, in qualche modo circoscrivendo la "sacralità" del passaggio elettorale. Il punto, per Putin, non è tanto essere rieletto, che appare finanche scontato. Ma riscuotere una vittoria che lo legittimi senza alcuna riserva politica. E verso questo esito, il percorso sarebbe meno agevole di quanto possa sembrare. Per una serie di insidie e di pericoli, interni ed esterni. Tutti da valutare. E ancor di più da prevedere.

Con una variabile ingombrante – da tutti i punti di vista – che presentiamo su queste pagine con un'aura potenzialmente "apocalittica", in perfetta tinta con il nostro nuovo titolo.

Il fattore molto delicato e sensibile che facciamo entrare in campo è questo: lo stato di salute di Putin.

Bando alla privacy, piaccia o no, un politico non ne ha diritto: il sapere come sta il presidente russo può avere una ricaduta destabilizzante degli scenari politico economici militari globali. La sua cartella clinica ha, pertanto, un intrinseco peso specifico sul piano politico internazionale.

Ecco, come sta Putin? Questa è un tema di cui non si parla, anche se non ci sono notizie precise. Indizi, quelli sì. Noi ne citiamo tre. Vediamo il primo: il Cremlino ha rimandato da aprile a giugno la tradizionale diretta televisiva di primavera, in cui Putin instancabile risponde per ore alle telefonate dei cittadini.

Il secondo: non è stata diffusa e rilasciata alcuna ripresa tv o immagine fotografica del recente incontro di Putin con il segretario di Stato Usa, Rex Tillerson. Su questa "lacuna" iconografica, fioriscono le interpretazioni e le congetture: secondo alcune, non si sarebbe voluto fare vedere il Presidente in cattive condizioni; secondo altre, l'incontro con Tillerson non ci sarebbe proprio stato e il Ministro degli Esteri russo Lavrov avrebbe "concordato" con l'omologo statunitense una versione di comodo per dire che i due si erano incontrati.

Il terzo indizio: la notizia che all'Ospedale Clinico Centrale di Mosca, gestito dal Cremlino, è in avanzata fase di costruzione un nuovo padiglione VIP. Con pochissimi posti letto. Provvisto di ogni moderna attrezzatura medica. E a quanto pare, con una sofisticata centrale di comunicazione collegata al Cremlino.

Quale sia la "patologia" che affliggerebbe Putin, non è dato sapere, anche se ad onor del vero bufale e fake news su questo fronte sono imperversate in lungo ed in largo. Dando voce, spiace dirlo parlando comunque della vita di un essere umano, più ad un "auspicio" dei qualcuno (opposizioni russe comprese), che ad una realtà notiziabile.

Alcune voci non controllabili e verificabili, su cui pertanto vi consigliamo di mantenere una salutare sospensione di giudizio di attendibilità, parlano di "sedute di emodialisi" cui verrebbe periodicamente sottoposto. Dopodiché, vi sarebbe un problema di raccordo tra "questo" Putin e la realtà del Paese: è una strana sfasatura, un ritardo che pone in questa fase storica il Cremlino come dentro ad una "bolla". La situazione della Russia rimane economicamente seria, alimentando lo scontento sociale e dando fiato alle opposizioni. Ma il Cremlino reagisce con uno strano "intorpidimento" nervoso, apparendo sempre come colto di sorpresa.

In definitiva, Putin veleggia verso il quarto trionfo. Ma

dietro questo mandato, c'è molto altro. La "mission" che si è dato lui è per sua diretta, esplicita ammissione quella di salvare la Russia. Per molti, è lui l'unico autentico baluardo dell'Europa "imbelle", contro la barbarie del terrorismo di matrice islamista. Ce la farà? La salute del leader è essenziale e strategica in uno Stato a struttura piramidale come la Russia.

Ma qui lo scriviamo e qui non lo neghiamo: **la salute di Putin** sarà, a nostro giudizio, il fattore forse più destabilizzante degli scenari macroeconomici del futuro. Anche se, all'improvviso e come a smentire i rumors, domenica 30 aprile 2017, Putin è ricomparso in pubblico al Gran Premio di Formula Uno a Sochi, chiacchierando in tribuna autorità con Bernie Ecclestone e andando sul podio a premiare il vincitore della Mercedes, Valtteri Bottas e i ferraristi Vettel e Raikkonen, secondo e terzo.

Torniamo a noi ed alla narrazione del capitolo: gli Stati Uniti sono l'area macrogeografica che vanta, alla luce degli indicatori più attendibili, il miglior stato di buona salute economica. Con una disoccupazione ridotta ai minimi storici degli ultimi vent'anni. E con una propulsione alla crescita economica destinata ad aumentare di vigore soprattutto grazie alle nuove politiche di rilancio, sia occupazionale che industriale, attribuibili alla nuova presidenza statunitense di Donald Trump. Contribuisce a rasserenare il quadro economico mondiale anche la stabilizzazione del prezzo del petrolio voluta dai recenti accordi OPEC, che hanno prodotto un taglio della produzione, soprattutto per opera dell'Arabia Saudita, consentendo in tal modo di riportare il prezzo del greggio sopra la soglia dei 50 dollari il barile. A tal proposito ricordiamo le conseguenze nefaste e gli impatti negativi sul prezzo delle principali materie prime che si sono prodotte, negli anni precedenti, a causa della contrazione del greggio dovuta alla politica industriale di sviluppo dello shale oil sotto l'amministrazione Obama. Di questo abbiamo offerto significativo approfondimento nel nostro precedente pamphlet Eurocracy.

Infine non possiamo dimenticare, in questo primo paragrafo, le condizioni di salute dell'Unione Europea, che è già a tutti gli effetti una potenza economica declassata in serie B, con un destino tuttora molto incerto ed un precario equilibrio sovranazionale, messo in scacco dall'ascesa trasversale di movimenti anti establishment in tutti i Paesi dell'Unione. Ad oggi l'euro rappresenta la regina e la **madre di tutte le incognite** economiche. Nonostante l'europeista Macron all'Eliseo, infatti, non abbiamo ancora sostanziali elementi di giudizio per dire che l'Europa e la moneta unica sono finalmente salve. Anzi.

Ancora ad oggi lo scenario europeo continua a preoccupare a fronte della crescita economica anemica e debolezza del panorama bancario europeo, il quale ha dovuto, con grave ritardo da parte delle autorità monetarie europee, adeguarsi patrimonialmente a possibili peggioramenti di scenario e shock sistemici improvvisi.

Come analizzeremo nel terzo capitolo di questo pamphlet, vi è la necessità di istituire una bad bank europea, in grado sostanzialmente di trasformarsi in prestatore di ultima istanza per istituzioni bancarie europee che siano ancora caratterizzate da uno stato di precaria salute e solidità patrimoniale.

QE e banche centrali

Come abbiamo già ricordato in altre occasioni, i principali attori protagonisti degli ultimi tumultuosi cinque anni, sulla scena mondiale, sono stati le banche centrali di Stati Uniti, Europa, Regno Unito, Cina e Giappone. Esse hanno letteralmente salvato il destino delle rispettive nazioni dalla rovina irreparabile. E, soprattutto, hanno sterilizzato ed anestetizzato sia i mercati finanziari, che gli operatori di borsa e gli investitori istituzionali di quasi tutto il mondo, nei confronti della debolezza strutturale delle rispettive economie subito dopo il verificarsi di episodi di impatto sistemico in tutto il mondo.

Ricordiamo come solo nell'anno 2015, la moneta unica europea era pressoché unanimemente data per spacciata, scontando la presumibile volontà della Grecia di abbandonare l'Unione Europea.

E la stessa cosa, facendo un passo indietro nel tempo, si sarebbe potuta presumere nel 2011, con la crisi del debito sovrano in Italia, che aveva messo in profonda discussione la capacità dell'Unione Europea di essere una macroarea stabile, con un organismo dotato di anticorpi in grado di reggere ai virus finanziari interni. Negli ultimi cinque anni le banche centrali hanno gestito i vari momenti di tensione e di turbolenza finanziaria attraverso il massiccio e frequente ricorso a politiche monetarie espansive, denominate tecnicamente quantitative easing.

Con questa locuzione in lingua inglese, identificata sempre più spesso dalla sigla QE, designiamo le **modalità con cui avviene la creazione di moneta** a debito da parte di una banca centrale e la sua successiva trasmissione nel sistema finanziario ed economico.

Il QE rappresenta, per così dire, un approccio di politica monetaria di natura espansiva, che ha lo scopo di stimolare la crescita economica e l'occupazione, tipicamente coinvolgendo le banche centrali nell'acquisto di titoli governativi e titoli di debito corporate (obbligazioni) con scadenze a breve termine. Consentendo quindi un abbassamento dei tassi di interesse "psicologicamente" percepiti dal mercato. Il QE si è dimostrato molto efficace nella prevenzione della deflazione. E molto efficace nella capacità di mitigare le numerose anomalie finanziarie e i rischi sistemici che sono emersi durante la crisi globale del 2008/2010. Il QE, come strumento di gestione in termini di politica monetaria convenzionale, è stato adottato da tutte le banche centrali delle economie avanzate.

L'unico elemento distintivo di ogni programma è rappresentato dal suo inizio, dalla sua durata e dalla sua dimensione. Ad esempio la FED americana è stata la prima banca centrale a vararlo nel 2009. Mentre Eurotower l'ultima. Il famoso "bazooka" di Mario Draghi, il governatore della BCE, venne infatti annunciato solo a gennaio 2015 durante il World Economic Forum: la BCE avrebbe acquistato titoli di stato al ritmo di 60 miliardi al mese. Dunque, nel caso dell'autorità monetaria europea, la dimensione complessivamente programmata dell'intervento era stata individuata in 1200 miliardi suddivisi in acquisti di titoli di debito pubblico a colpi di 60 miliardi di euro pompati nelle varie economie ogni mese, con durata programmata sino a settembre 2016.

Questa operazione ha fatto risparmiare all'Italia 15 miliardi di euro all'anno, in virtù dei minori interessi sui titoli di Stato. Mario Draghi disse anche che il bazooka avrebbe sparato finché il tasso di inflazione non fosse tornato vicino alla soglia del 2%. Tuttavia siamo ancora a quota 1,8%.

Attenzione, non si tratta soltanto di tecnicismi finanziari. Gli effetti della operazione di Mario Draghi si ripercuotono e ripercuoteranno anche sulle politiche dei membri dell'Eurozona. E in prima battuta, proprio sulla politica italiana, come vedremo successivamente.

In seguito, il QE è stato aumentato, tanto nella intensità (passando a 80 miliardi al mese), quanto nella durata, che è stata estesa sino a coprire tutto il 2017. Portando il bilancio complessivo dell'intera l'operazione di politica monetaria a oltre 2500 miliardi.

Per dare un metro di giudizio, considerate che il QE della FED andato in scena in tre diverse epoche dal 2009 al 2016 ha realizzato acquisti di titoli di stato statunitensi per oltre 4000 miliardi di dollari (quattro trilioni).

Se l'Europa cresce ininterrottamente da 17 mesi, se l'inflazione torna a salire (buon segno per i consumi, il contrario della temuta deflazione), se il tasso di disoccupazione ritorna ad una sola cifra, si deve in gran parte ai colpi del "bazooka" di Draghi.

Ma può l'Eurozona per sopravvivere dipendere da un solo strumento, come un dializzato dalla sua macchina che gli pulisce i reni, come una vittima di embolia dalla camera iperbarica?

E' un pericolo: perché la BCE potrebbe decidere di interrompere totalmente l'uso di questo bazooka, chiudendo i rubinetti del quantitative easing, stando ad indiscrezioni e rumors che abbiamo registrato, a partire dal 2018.

A quel punto si verrebbe ad aprire una nuova stagione di enormi incertezze. E per la politica italiana, sarebbe esiziale arrivarvi con un assetto governativo ed un quadro politico debole. Perché a quel punto, l'unica via di sicurezza e salvezza sarebbe contrattare maggiore flessibilità con Bruxelles, un passo impensabile con un governicchio al comando.

Vedremo. Ad ogni modo aggiungiamo che le banche centrali, oltreché intervenire sulla quantità di moneta emessa in circolazione, si sono preoccupate anche di controllare il costo del denaro, abbassandolo a livelli storicamente mai visti.

In certi casi si è arrivati ad avere rendimenti cosiddetti negativi, ossia depositare eccedenze di denaro presso la tesoreria della rispettiva banca centrale presupponeva il sostenimento di un onere economico per l'istituto di credito che accettava questa eventualità.

Ovviamente, si sono prodotte conseguenze infelici anche per il piccolo risparmiatore, che oggi si vede non remunerata la propria liquidità. E in taluni casi deve addirittura anche pagare per detenere il denaro semplicemente parcheggiato nel proprio conto di deposito bancario.

La logica, come abbiamo misurato pragmaticamente nel corso degli anni, è stata quella di spingere il più possibile la ripresa dell'attività di credito da parte delle istituzioni finanziarie. Attraverso i vari programmi di incentivazione varati proprio dalla banca centrale europea, che premia le banche italiane ed europee che prestano denaro alla loro clientela ed invece **penalizza quelle che sono restie** e riottose nel farlo.

Per chi volesse approfondire questo tecnicismo, potrebbe studiare come funzionano le TLTRO (un acronimo, indica targeted long term rifinancing operation), rappresentative di programmi di prestito a lungo termine concessi alle banche europee a condizioni molto competitive, sempre e solo se utilizzeranno il denaro preso a prestito dalla banca centrale per erogare finanziamenti e credito alle piccole e medie imprese.

Ma torniamo a noi. L'appiattimento dei tassi di interesse prodotto dal QE da un lato ha, sì, agevolato Paesi notevolmente indebitati. E ha consentito a questi governi di beneficiare di ingenti risparmi, per esempio in termini di oneri finanziari sugli stock di debito. Ma dall'altro lato ha prodotto un effetto collaterale, decisamente negativo, soprattutto sugli istituti di credito. Il perché è chiaro: con tassi di interesse pari a zero o, in taluni casi addirittura con tassi di interesse negativi, **il margine di profitto per le banche tende ad azzerarsi.** E di conseguenza si cagiona un indebolimento delle banche stesse, che già si trovavano in difficoltà per il deterioramento dei prestiti, non esigibili e perciò di fatto perduti, concessi negli anni precedenti.

Però non cessano qui gli "effetti collaterali" del QE. A tal proposito segnaliamo che numerosi sono i warning che arrivano dalle società di gestione del risparmio le quali sostengono con enfasi come le banche centrali abbiamo creato delle pericolosissime bolle finanziarie, proprio attorno alle quotazioni dei titoli di stato oggetto di acquisto dei suddetti programmi di politica monetaria espandiva. Su questo argomento si stanno producendo contributi analitici nel merito: sostanzialmente gli acquisti sistematici nel tempo effettuati dalle banche centrali hanno "drogato" il mercato bancario e finanziario. Un "doping" che ha abbassato in modo artificioso ed artificiale i tassi di interesse, ma in contrapposizione ha anche innalzato le quotazioni di strumenti finanziari di debito pubblico (titoli di stato) a livelli che sono considerati molto pericolosi.

Ad esempio, un titolo di stato francese OAT con cedola al 4% e scadenza nel 2038 è arrivato a prezzare quasi 170 nella prima metà dello scorso anno, per contrarsi di valore successivamente sino a 140 durante i primi mesi del 2017 (quindi con una volatilità di quasi il 20% per un titolo di stato di un ottimo emittente europeo).

Similmente, si potrebbe dire per un BUND (il mitico

titolo di stato tedesco, che è un po' il parametro di riferimento classico dei titoli pubblici) con cedola al 4.25% e scadenza nel 2039, che nel medesimo lasso di tempo ha visto la sua quotazione passare da quasi 190 a 160.

Per spiegarlo ad un profano, diciamolo con parole semplici: se acquistate un titolo di stato della Germania che oggi vale 160 e scade nel 2039, significa che in quell'anno riceverete 100, ossia il valore di emissione. E le cedole al 4.25% che incassate ogni anno devono essere rapportate non a 100, ma a 160, che rappresenta il prezzo che voi pagate al mercato per poter detenere quello specifico titolo. Chi, ad esempio, avesse acquistato questo titolo alla metà del 2016, oggi dovrebbe già mettere in conto una perdita di oltre il 15% se decidesse di vendere il titolo di stato sul mercato per proprie esigenze finanziarie.

E analisi tutto sommato analoghe si potrebbero fare anche per i titoli italiani, spagnoli, finlandesi, portoghesi e così via.

Pertanto ecco spiegato **l'achtung con i titoli di stato** e i fondi che investono in tali strumenti: potremmo essere innanzi ad una nuova bolla finanziaria, causata proprio dai programmi di QE intrapresi dalle banche centrali. E ovviamente sfuggite di mano, in pura "eterogenesi dei fini".

Non è finita. Il QE ha prodotto anche un ulteriore fenomeno di portata finanziaria, che è stato descritto come il "New Normal" da parte di Janet Yellen, il Governatore della Federal Reserve.

Da economisti, dobbiamo costantemente aggiornare il nostro vocabolario e frasario: con il termine "new normal" si suole identificare una fase atipica di allineamento dei tassi di interesse a livello internazionale per le economie avanzate, che si distacca notevolmente dal passato conosciuto ed analizzato.

Questo significa che il New Normal deve essere concepito, traducendolo direttamente dall'inglese, come una nuova sorta di normalità per il livello dei tassi di interesse nelle economie avanzate. Ossia è molto plausibile aspettarsi e preconizzare, negli anni a venire, un livello dei tassi notevolmente più contenuto e basso rispetto a quello del passato.

Le conseguenze di questo prevedibile fenomeno sono dovute essenzialmente a tre elementi, che ci impediscono di pensare di avere una crescita economica globale superiore a quella avuta nel decennio precedente.

Il primo elemento strutturale è legato alla **dimensione dei debiti pubblici** di tutte le economie avanzate. Ad esempio, la Spagna ha triplicato il proprio stock di debito in dieci anni. L'Italia, in cinque anni, lo ha aumentato di un 40%. Gli Stati Uniti sono arrivati anche loro ad avere un rapporto debito sul PIL aumentato del 40% in appena cinque anni.

Quindi, avremmo economie avanzate molto indebitate o, per meglio dire, troppo indebitate. E in ultima istanza, meno libere in termini di autodeterminazione istituzionale e di politica economica.

Secondo elemento strutturale: **crescita demografica sostanzialmente assente**. E pertanto, non è possibile pensare che vi possa essere un apporto alla crescita, sul livello dei consumi interni su questi Paesi. Poiché la ripresa dei consumi è data esclusivamente dalle dinamiche demografiche che, come vedremo nei successivi capitoli, rappresentano dei punti interrogativi a cui si sta provando a dare una risposta con politiche cosiddette non convenzionali di gestione dei deficit demografici. Ma nonostante le contromisure, l'orizzonte resta veramente pieno di incognite sul piano della demografia a crescita zero.

Terzo elemento, non indifferente sul piano sistemico, è la **mancanza di un'altra Cina.** Che cosa significa? Beh, che la crescita economica globale cinese resterà un lontano ricordo. Quella crescita cinese che sembrava inarrestabile, avvenuta tra il 2000 ed il 2010, periodo di massima espansione in cui la globalizzazione ha dato il suo massimo contributo ed ha avuto la sua più imponente manifestazione. Ebbene, a nostro giudizio, queste condizioni non saranno più replicabili. E possiamo argomentare il nostro vaticinio.

La Cina, in quel decennio rampante, ha contribuito ad essere il motore instancabile dell'economia planetaria. Soprattutto approfittando oggettivamente della contestuale debolezza "degli altri" a seguito della crisi economica che li aveva momentaneamente paralizzati. E pensiamo qui solo alla crisi dei mutui "subprime" tra il 2007 ed il 2008, che colpì pesantemente Stati Uniti, Regno Unito e poi, a cascata, anche l'interno della UE.

Pertanto, a fronte di queste tre considerazioni, siamo consapevoli che in futuro il ruolo delle banche centrali sarà strategico, sia per la gestione tattica degli stock di debito che, soprattutto, per la capacità delle stesse banche centrali di intervenire, governare e placare i momenti di panico e turbolenza finanziaria che sempre più spesso si presentano con cadenza quasi periodica.

Cigni neri e grigi

In questi ultimi dodici mesi sta andando di moda una definizione piuttosto inusuale. E' una locuzione che difficilmente risulta comprensibile e decodificabile in termini socio-economici dall'uomo della strada, se non spiegato e scandagliato nel dettaglio: il cigno grigio.

Espressione che contiene un sostrato criptico, ne conveniamo. Con questa sua superficie levigata di lirismo e filmografia hollywoodiana. Apparenze, di cui è sempre buona norma non fidarsi. Anche con le parole, il cui accrocchio, di primo acchito e per un profano, può essere fuorviante.

Cerchiamo assieme di fare esercizio di malizia e decodificare l'enigma del cigno grigio. Parafrasando i titoli di una celebrata saga erotica, a partire dalle sfumature.

Sostanzialmente nel decennio precedente abbiamo conosciuto il vocabolo "cigni neri", che si riferiva alla teoria espressa dal matematico e filosofo Nassim Taleb riguardante eventi di portata sistemica che sconvolgono lo status quo attuale e che nessuno poteva prevedere o si aspettava si verificassero.

Esempi di cigni neri nel passato possono essere identificati come il devastante attentato alle Torre Gemelle di New York, Manhattan, dell'11 settembre 2001. Oppure i catastrofici crash della banca d'affari Lehman Brothers nel 2008.

Vi ricordate che cosa è accaduto all'economia mondiale successivamente al verificarsi di questi eventi di portata epocale, veri e propri spartiacque storici per l'intera umanità? Crediamo proprio di sì, nonostante il nostro essere "gli eterni contemporanei di noi stessi" e la diffusa emiplegia della memoria che ci attanaglia un po' tutti.

E veniamo ai cigni grigi, che rappresentano, invece, dei possibili scenari in ambito economico particolarmente avversi allo status quo attuale, quindi all'establishment che regge l'economia planetaria, i quali, tuttavia, possono essere ipotizzabili in termini di bassa probabilità.

Questo significa che un cigno grigio è un possibile

evento che sciocca i mercati e le autorità sovranazionali, sapendo che lo stesso tuttavia può essere possibile anche a fronte di un livello molto contenuto in termini di probabilità nel verificarsi. Un esempio lampante di che cosa può essere un "cigno grigio" è rappresentato sia dal voto inglese dello scorso anno per la Brexit e sia dal voto alle presidenziali per l'elezione di Donald Trump.

Per spiegarlo, ancorché in termini molto semplicistici, eravamo a conoscenza che avrebbe potuto vincere, nel Regno Unito, il fronte di abbandono dell'Unione Europea. Diciamo che, tutto calcolato, questa eventualità comunque fonte di euro (e neuro) catastrofismi veniva conteggiata in termini probabilistici come poco possibile. Diciamo meglio, qualcosa di non impossibile, quindi di possibile, ma non certo di probabile, nel comune senso giuridico latino di "id quod plerumque accidit" (ciò che accade più spesso, ciò che succede di solito; o anche: il caso più probabile, ciò che costituisce la comune esperienza). Ovviamente, salvo prova contraria. E infatti.

Dove vogliamo andare a parare? Ve lo spieghiamo subito. Qui. I cigni grigi, presenti nei prossimi diciotto mesi su numerosi fronti, nell'agenda economica mondiale hanno rispolverato un acronimo utilizzato spesso in scienze comportamentali, che è **VUCA**. Un acronimo, pure esso, un tantino bizzarro. VUCA sta per volatilità, incertezza, complessità ed ambiguità, e traduciamo in questa sede letteralmente dall'inglese. Uno di quegli acronimi rompicapo.

Il "living in a VUCA world", cioè il vivere in un mondo VUCA, quindi un globo molto volatile, incerto e complesso – il defunto sociologo polacco Zygmunt Bauman direbbe "in un mondo liquido" - produce a ricaduta e getto continuo sia preoccupazione per chi effettua investimenti o deve prendere decisioni, ad esempio di crescita e formazione professionale, sia i contorni frastagliati di uno scenario, nel suo complesso, molto difficile da decifrare e, soprattutto, da anticipare. E ciò in virtù della presenza di molti eventi, tutti in grado potenzialmente di modificare e fare deragliare più o meno "catastroficamente" il corso dell'economia planetaria.

Ed è per questo motivo che il 2017, con la sua fitta agenda, rischia di diventare uno di quegli anni che, nella storia economica, verrà ricordato come il "trigger event year". Ovvero, l'anno che produce il verificarsi di fenomeni che cambiano radicalmente il mondo, per la direzionalità precedentemente acquisita. Sono passati ormai più di otto anni dal crash Lehman Brothers, quindi dal momento convenzionale in cui si fissa questo zero cronologico di inizio della crisi economica finanziaria mondiale. Da allora abbiamo avuto dimostrazione di ulteriori momenti di crisi, sempre più frequenti, in tutte le aree del mondo, ricordiamo solo come nel 2015 la stessa Cina si trovava ad essere messa sul banco degli imputati per l'esplosione della crisi immobiliare, da quello che ci dicono, sapientemente gestita dalle autorità cinesi.

Pertanto, il 2017 è destinato a presentarci un conto molto salato in termini di rischio sistemico perché, per la prima volta, sono unanimi i commenti sulla tenuta e capacità di tenuta dell'Unione Europea e, soprattutto, della moneta unica, a fronte del malcontento popolare di numerose nazioni europee.

La ricerca per chi investe denaro di soluzioni di investimento, finalizzate a proteggere le proprie risorse finanziarie, in questo momento sono molto limitate, se non addirittura assenti. Questo accade a causa dell'alterazione subita dei mercati finanziari per la presenza ed operato atipico delle banche centrali che hanno, come abbiamo già spiegato in precedenza, re-ingegnerizzato in vitro la genetica dei mercati finanziari e, soprattutto, hanno creato le condizioni per la formazione di nuove bolle.

Bolle che, al momento, sono presenti soprattutto nel mercato obbligazionario dei titoli di stato. Sarà da capire se queste bolle scoppieranno, come è accaduto storicamente ovunque, o se la sapienza e consapevolezza dei banchieri centrali sarà tale da consentirne lo sgonfiamento controllato con tempistiche ragionevoli. Purtroppo, già in passato abbiamo visto come negli Stati Uniti **una errata politica monetaria**, prima espansiva e poi restrittiva, per mano del leggendario governatore della Federal Reserve, Alan Greenspan, abbia creato i presupposti per l'innesco della crisi dei mutui subprime – ad altissimo rischio - con tutto quello che poi abbiamo visto di conseguenza.

Auguriamoci, pertanto, che questa volta i banchieri centrali siano in grado di gestire questa fase critica di ridimensionamento della politica monetaria che, per ovvie ragioni, dovrà passare da una connotazione espansiva ad una decisamente restrittiva.

2

Brexit, ma conviene veramente ?

Durante il 2016 l'evento macroeconomico di maggior impatto è stato, senza dubbio, il voto al referendum del 23 giugno nel Regno Unito per abbandonare l'Unione Europea, la cosiddetta Brexit. Anzi, per quanto già conosciamo, ad oggi, in merito al processo di separazione ed allontanamento del Regno Unito dall'Unione Europea, è opportuno utilizzare il termine di Hard Brexit. Il voto della consultazione popolare ha consegnato un Paese sostanzialmente diviso in due parti uguali: 52% dell'espressione di voto a favore della Brexit contro un 48% per il fronte Remain ossia per la permanenza all'interno dell'Unione Europea. Sostanzialmente sono passati quarant'anni dal referendum del 1975 nel Regno Unito per la permanenza all'interno del Mercato Comune, il MEC, ed il risultato di allora, rispetto a quello del 2016, si può profondamente considerare mutato. All'epoca, infatti, il 67% della popolazione manifestò la volontà di rimanere all'interno del Mercato Comune contro il diniego del

33%. Pertanto, cosa è accaduto in questi quarant'anni per aver modificato, in misura così considerevole l'opinione pubblica e, soprattutto, il mood dei britannici ? Senza girarci tanto attorno con le parole: timore legato alla gestione sconsiderata dei flussi immigratori e percezione a livello trasversale di come l'Unione Europea oggi rappresenti, in realtà, solo un castello di carte privo di una regia unitaria e di un'identità politica condivisa.

In questi termini, i britannici, nella storia, ci hanno dimostrato che a loro non piace particolarmente prendere decisioni in condivisione ad altri, preferendo di gran lunga comandare su tutto e su tutti. Questa peculiarità li ha contraddistinti anche durante la passata tornata elettorale. Sappiamo che la Brexit ha instradato la sua road map alla fine del mese di marzo di quest'anno quando, finalmente, il Primo Ministro, Theresa May, si è appellata all'articolo 50 del Trattato di Lisbona che prevede l'iter attraverso il quale un Paese possa abbandonare l'Unione Europea. Ma che cosa menziona questo trattato al sedicente articolo di cui abbiamo sentito parlare innumerevoli volte?

Il Trattato di Lisbona, noto anche come Trattato di Riforma dell'Unione Europea, siglato nella capitale portoghese nel 2007, ha apportato ampie modifiche a quella che era la vecchia Comunità Europea abolendo il riparto di competenze tra gli stati membri, delimitando le competenze dell'UE e formalizzando il travaso di sovranità dagli stati membri in seno alle autorità sovranazionali europee. L'articolo 50 è suddiviso in cinque commi che riportiamo per comodità espositiva qui di seguito.

<u>Comma 1.</u> Ogni Stato membro può decidere di ritirarsi dalla UE in conformità alle proprie norme costituzionali.

Comma 2. Lo Stato membro che decide di farlo deve informare il Consiglio Europeo e negoziare un accordo sul ritiro, stabilendo inoltre le basi giuridiche per il futuro rapporto con l'Unione Europea. L'accordo deve essere approvato da una maggioranza qualificata degli Stati membri, dopo aver avuto il consenso del Parlamento europeo.

Comma 3. Sono due gli anni a disposizione dal giorno in cui si chiede l'applicazione dell'articolo 50 per concludere un accordo, ma il termine può essere esteso.

Comma 4. La maggioranza qualificata è definita dall'articolo 238 (3, B) del Trattato sul funzionamento dell'Unione Europea.

Comma 5. Se successivamente lo Stato che ha lasciato l'Unione vuole tornare a farne parte deve ricominciare le procedure di ammissione, secondo quanto stabilito dall'articolo 49.

In estrema sintesi quindi tale disposizione normativa rappresenta una sorta di libretto di istruzioni sui vari step operativi che si devono intraprendere per dire addio a Bruxelles. A consuntivo, ormai, di quasi un anno sul voto inglese proviamo a fare una prima valutazione di merito sulla bontà o meno di questa espressione popolare del Regno Unito.

Partiamo con l'impatto sul PIL, il quale prevede, per il 2017, a seconda degli approcci analitici che vengono implementati, due possibili scenari: uno cosiddetto moderato ed uno severo. Nel primo abbiamo una Gran Bretagna che dovrebbe assistere, alla fine del 2017, ad una contrazione del PIL di circa 1.2 punti percentuali rispetto ovviamente alle proiezioni che si avevano anticipatamente al voto dello scorso anno. Per l'Unione Europea lo scenario moderato prevede invece, in termini aggregati, una contrazione del PIL sovranazionale per circa mezzo punto percentuale. Lo scenario severo prevede una contrazione di 2 punti percentuali del PIL del Regno Unito contro un punto e mezzo, invece, per l'Unione Europea. Già in questa prima fase di analisi possiamo ritenere che la Brexit, anzi la Hard Brexit, va ad impattare tanto per il Regno Unito quanto per l'Unione Europea. Inoltre, se ci soffermiamo ad analizzare l'andamento di alcune variabili tipicamente finanziarie, come l'indice della Borsa inglese, ovverosia il FTSE 100 scopriamo che dal voto inglese ad oggi l'indice britannico ha realizzato una performance significativa di quasi 15 punti percentuali passando dai 6000 punti agli oltre 7000.

Di intonazione esattamente antitetica è, invece, l'andamento della sterlina inglese. In buona sostanza, il pound ha subito una rilevante contrazione contro quasi tutte le principali valute delle economie avanzate di numerosi punti percentuali. Nello specifico, contro l'euro si è svalutata del 15%. Quindi una sterlina, sostanzialmente, molto più debole, che è passata da 1.35 ad inizio 2016 a 1.15 ad inizio 2017 (GBP/EUR), con momenti, verso la fine dello scorso anno, di ulteriore indebolimento che hanno spinto il rapporto di cambio a 1.10; quindi non molto distante dalla parità con l'euro. In buona sostanza abbiamo una sterlina molto debole, probabilmente destinata a proseguire, nei semestri a venire, la sua svalutazione nei confronti tanto della moneta unica quanto delle altre hard currencies.

Anche il mercato immobiliare ha iniziato a dare alcune chiavi di lettura sulle conseguenze e l'impatto della Brexit sul prezzo e le quotazioni delle abitazioni e degli uffici. Cominciamo citando come oltre il 40% degli agenti immobiliari inglesi si aspetti una contrazione del prezzo del mercato immobiliare residenziale di oltre dieci punti percentuali, mediamente in Regno Unito e, addirittura, superiore al 15% nel caso di Londra.

Sostanzialmente un immobiliarista su due, per il mercato londinese, ha messo in preventivo una flessione di almeno dieci punti percentuali per le quotazioni del mercato residenziale della capitale inglese antecedenti la data del referendum.

La Brexit trova la sua manifestazione, dal punto di vista della road map tracciata, grazie alle esternazioni di Theresa May, il nuovo Primo Ministro succeduto a David Cameron (che sulla pira dell'esito del referendum ha letteralmente bruciato la propria carriera politica). Theresa con una frettolosità tipica di un sistema dei media perennemente sovraeccitato, è già stata battezzata come la Thatcher 2.0. ovverosia una leader intransigente e non disposta ad accettare compromessi o limitazioni nel proprio potere di negoziazione, arrivando addirittura a minacciare letteralmente l'Unione Europea in caso di rappresaglie sul fronte doganale e sovranazionale durante la fase di road map, che ha visto affermare la stessa May della volontà, da parte del suo Governo, di creare attrazione ed opportunità a tutta la Gran Bretagna al fine, eventualmente, di trasformarla in un paradiso fiscale e finanziario nei confronti di tutta l'Unione Europea.

Non sarà una passeggiata. La Hard Brexit prevede un negoziato bi-fase: in un primo tempo, va raggiunto un accordo che garantisca i diritti acquisiti di tutti i cittadini, nel rispetto degli impegni finanziari della Gran Bretagna verso l'UE. E la soluzione della questione delle frontiere tra Irlanda del Nord e Irlanda. Soltanto in un secondo tempo si addiverrà a tracciare la cornice delle future relazioni tra il Regno Unito e la UE.

Dal lato opposto i 27 stati della UE hanno sì firmato di gran carriera, ma mettendo subito in chiaro una cosa, non del tutto secondaria. Ed è la risposta alla domanda che tutti ci facciamo sempre: "chi paga?". Ebbene, la risposta in questo caso è incorporata nel quesito: "Londra pagherà il conto della sua decisione". Che dunque non sarà "gratuita", se qualcuno in Inghilterra si fosse illuso. E la Cancelliera Angela Merkel si è incaricata di metterlo bene in chiaro: "Le prime priorità – ha sottolineato – saranno la salvaguardia degli interessi dei cittadini UE in Gran Bretagna e dei cittadini britannici nella UE oltre alla questione finanziaria **di quanto dovrà pagare Londra** per uscire dall'Unione. Non c'è nessuna cospirazione – ha concluso Merkel – ma nessuno deve farsi illusioni".

"C'è sempre un prezzo da pagare per lasciare l'Unione, non è una punizione, si tratta di subire le conseguenze e perdere tutta una serie di vantaggi" le ha fatto eco l'uscente presidente francese Hollande.

Infine, il Presidente della Commissione UE, Juncker ha avvertito: "Ho l'impressione che i nostri amici britannici sottostimino le difficoltà tecniche che dobbiamo affrontare". Sarà interessante vedere cosa accadrà se Londra non accetterà le condizioni della UE. Che cosa accadrà? La UE come si comporterà? E con quali strumenti concreti di pressione?

Andiamo avanti ed affiniamo il focus. In più di un'occasione Theresa May ha parlato di una Great Britain global, ovverosia di una nuova Gran Bretagna globale, più forte, più giusta, più chiara e, soprattutto, più globale. Non dovrà mai passare il messaggio che l'abbandono dell'Unione Europea rappresenti un abbandono delle logiche, opportunità e potenzialità del commercio globale. Sostanzialmente, il desiderio principe di questa espressione popolare è volta a riprendere il controllo del Paese, dei confini, della politica fiscale senza mai più ingerenze da parte di authority non britanniche. Vediamoli, pertanto, quali sono i dodici punti sui quali si focalizza la road map della Hard Brexit. Al punto 1 abbiamo la ratifica, da parte del Parlamento britannico, della fase conclusiva dei negoziati. Vale a dire che quanto sarà stabilito dal Governo di Theresa May con le autorità sovranazionali europee dovrà successivamente essere approvato dal Parlamento britannico.

Al punto 2 troviamo la fine dell'ingerenza europea per quanto riguarda il controllo legislativo. Basta con la Corte Europea di Giustizia. Il Regno Unito ritorna ad essere il primo referente che controlla le proprie leggi.

Al punto 3 dovranno essere rinforzati i legami tra gli Stati del Regno Unito. Pertanto Inghilterra, Scozia, Galles ed Irlanda del Nord dovranno interagire uno con l'altro con lo scopo di rendere più grande e più forte la Gran Bretagna. Il tutto ricorda molto da lontano la retorica di Donald Trump durante la sua elezione alla Casa Bianca.

Al punto 4 troviamo, e probabilmente è quello di maggior impatto per l'Unione Europea, il controllo dei flussi immigratori, non dimenticando la volontà del governo britannico di preservare ed incentivare l'afflusso in territorio inglese dei migliori talenti internazionali.

Al punto 5 troviamo la gestione dei diritti e garanzie dei cittadini della Gran Bretagna in Unione Europea e viceversa i cittadini europei che si dovessero trovare in Gran Bretagna unitamente con la protezione dei diritti dei lavoratori, qualora verrà implementato il processo di uscita.

Al punto 6 troviamo la definizione di un accordo di libero scambio con l'Unione Europea. È molto importante questo passaggio che rappresenta, in un certo senso, il cuore della Hard Brexit, in quanto la Gran Bretagna, per voce del Governo May, ha manifestato il proprio desiderio di rimanere completamente fuori dall'Unione Europea, fuori dal mercato comune, fuori da tutti gli organismi sovranazionali europei. In buona sostanza, fuori da tutto. **Non si cercherà una soluzione ibrida** come, ad esempio, quella adottata da Norvegia o Svizzera, le quali possono godere di un approccio osmotico con il mercato comune europeo, quanto piuttosto un modello di negoziazione per il libero scambio in stile tailor-made, ovverosia sartoriale, fatto su misura appositamente per il Regno Unito.

Infine, l'ultimo punto chiave della Brexit, il desiderio da parte del Regno Unito di continuare a sviluppare con le authority europee una condivisione delle potenzialità dei vari servizi di intelligence volta a contrastare la diffusione e l'ingresso di esponenti del terrorismo islamico.

Pertanto, da quanto esposto possiamo comprendere il significato dell'aggettivo "Hard Brexit" e non "Brexit", ovverosia una rottura rigida e indissolubile con l'Unione Europea. Sostanzialmente ritornare a diventare controllori di tutto e di tutti a casa propria senza dover assecondare o rispettare linee guida definite da Bruxelles.

Sembrava tutto idilliaco come se fosse un'impresa da antologia storica, tuttavia il quadro politico nel suo complesso è mutato dopo che la stessa May, con sorpresa, durante il mese di aprile ha indetto nuove elezioni politiche anticipate per il prossimo 8 Giugno. L'annuncio in conferenza stampa dal 10 di Downing Street davanti a tutta la stampa mondiale è stato uno shock, anche per i mercati finanziari. Fino a qualche settimana prima infatti la May aveva sempre escluso il ricorso ad elezioni anticipate, tuttavia proprio il Consiglio dei Ministri del 18 Aprile le ha fatto cambiare idea. Nella consapevolezza che il negoziato con la UE per i prossimi due anni sarà molto difficile e ostico, viste le posizioni rigide di entrambe le parti. La May ha voluto dare un messaggio alla sua nazione: necessito di un super mandato per gestire questa delicata fase di transizione con le autorità europee, non voglio trovarmi ad affrontare una crisi di governo per l'ostruzionismo di qualche forza politica. Questo è quello che ha raccontato ai media mondiali. Dietro al sipario invece gli addetti alle quinte hanno la **consapevolezza che il Paese ci ha ripensato** e vorrebbe avere una seconda opportunità per rimediare al voto sconsiderato della scorsa estate.

In tal senso infatti molti osservatori leggono la chiamata alle urne che ha dovuto fare la May. L'hanno battezzata Breghet ovvero Brexit Regret, che tradotto significa il pentimento per la Brexit. Probabilmente si sono fatte insopportabili e molto scomode le pressioni di una parte dell'establishment inglese, molto ricco e potente, che non vuole uscire dalla UE.

Il voto politico anticipato ed improvviso (in assenza di crisi di governo) è un political gamble ossia un vero azzardo politico al pari di quanto fece proprio Cameron. La scusa di volere un mandato forte per negoziare con le autorità europee se la bevono in pochi. Dietro probabilmente ci sono le pressioni di lobby (forse proprio quelle bancarie) che si stanno inventando l'impossibile per stare dentro alla UE, rendendosi conto dei costi e dei rischi che avrebbero per mantenere il passaporto europeo. Il voto inglese del prossimo giugno, assolutamente imprevisto nell'agenda internazionale, rappresenta una grande opportunità. Quella per rimanere dentro alla UE in faccia al voto dello scorso anno.

La parte della popolazione che infatti è oggi contraria alla Brexit è decisamente preponderante rispetto a quella che vorrebbe invece l'implementazione della rottura con l'Europa.

Potete stare certi che il voto dell'8 Giugno rappresenterà una **seconda opportunità** per esprimere una rappresentanza parlamentare che negozierà con un approccio completamente diverso la road map con la UE, arrivando anche a metterla completamente in discussione o proponendo addirittura una seconda nuova consultazione con un quorum più qualificato.

Si voterà infatti il proprio candidato sulla base dell'impegno che lo stesso vorrà dare sulla Brexit. In tal senso non lasciano spazio a nessuna interpretazione le esternazioni di Tim Farron, leader dei Libdem (Liberal Democrats), il quale ha invitato l'elettorato a votare contro l'uscita della Gran Bretagna dal mercato unico europeo, sottolineando come proprio il suo partito (con oltre dieci punti di consenso) sia l'unico in grado di impedire una maggioranza conservatrice (Tory) nel prossimo parlamento.

Consideriamo a tal punto che ad inizio maggio le rilevazioni sulle proiezioni di voto si sono significativamente ridimensionate proprio per i conservatori che si stima abbiamo perso dieci punti in poche settimane, attestandosi ora al 44% contro un 32% dei laburisti di Jeremy Corbyn che invece hanno recuperato molto: l'aspettativa di un esecutivo molto forte aspirato dalla May inizia pertanto a svilirsi.

Non è finita qui comunque. L'Hard Brexit dovrà fare i conti anche con un'altra incognita oltre quella del prossimo voto politico, che sino a qualche tempo fa non veniva preventivata, ovverosia la Scozia. Nel 2014 proprio quest'ultima indisse un referendum per l'indipendenza dal Regno Unito, il quale venne bocciato con il 55% di diniego ed un 45%, invece, di consenso. Oggi, a distanza di due anni da quella data storica per la

Scozia, in seguito al responso britannico sulla Brexit, la Scozia ha manifestato, anche in seno al Parlamento Europeo, la propria intenzione di rimanere all'interno dell'Unione Europea non accettando la decisione assunta da tutto il Regno. L'attuale Governo Scozzese, nella persona di Nicola Sturgeon, la lady di ferro scozzese, leader dello SNP (Scottish National Party) ha già espresso istanza al Governo di Theresa May di indire, entro il 2018, un referendum per la permanenza all'interno dell'Unione Europea creando, pertanto, non poco imbarazzo alla stessa May.

Molti commentatori e mass media observers hanno così esternato il loro punto di vista in merito a questo potenziale e nuovo rischio emerso con la Brexit: "Hanno votato per separarsi dall'Unione Europea, finiranno per separarsi tra di loro".

Rimane molto plausibile, infatti, che la Scozia, visto il proprio potenziale economico (esportazioni di materie prime e beni alimentari) possa non avallare il voto della Brexit. Inutile aggiungere che, a questo punto, è praticamente impossibile fare previsioni attendibili in questo momento visto che le incognite emerse e le criticità della fase negoziale sono tali da impedire una quantificazione in tempi rapidi degli effettivi ed eventuali benefici di questa scelta storica ed epocale. Tuttavia, già oggi abbiamo dei primi segnali di indebolimento del Regno Unito, non solo per quanto riguarda, come abbiamo visto, l'impatto potenziale sul PIL, ma anche per la **perdita del potere di acquisto** dei britannici e per l'inflazione che ha cominciato a farsi sentire molto più che in Unione Europea, senza dimenticare il blocco di investimenti di portata significativa da parte di multinazionali che, non avendo un chiaro quadro politico su questa fase transitoria, preferiscono rimanere alla finestra e dirottare, eventualmente, tali fondi in altri Paesi dal clima politico ed economico molto più confortante. Aggiungiamo al tutto lo scenario denominato banche in fuga, ovverosia un terzo del PIL inglese è realizzato all'interno di un chilometro quadrato, la City di Londra, il distretto amministrativo finanziario conosciuto per antonomasia in tutto il mondo. Ebbene, le principali banche americane, a seguito del voto, hanno già manifestato il proprio piano strategico di trasferimento al di fuori di Londra con insediamento in altre capitali europee. In pole position troviamo Francoforte, seguita da Parigi, seguita da Madrid, seguita da Milano che dovrebbero assorbire, soprattutto in termini di riverbero occupazionale, chi, in questo momento, sta lavorando a Londra.

HSBC ha in mente di spostare oltre 1000 dipendenti da Londra a Parigi. UBS intende fare altrettanto. J.P. Morgan probabilmente sposterà i suoi 4000 dipendenti su Francoforte, al pari di Goldman Sachs con i suoi 3000. Si stima che i piani di fuga delle principali banche internazionali dalla City possano arrivare a costare sino a dieci miliardi di euro per i costi di trasferimento ed insediamento. La stessa Lloyds, la più grande banca inglese, ha messo in conto trasferimenti di manodopera al di fuori della City per svariate migliaia di unità, senza dimenticare anche la chiusura di uffici e dipartimenti strategici.

Perché quasi tutte le banche internazionali devono andarsene da Londra? È molto semplice, la perdita di status europeo dell'Inghilterra all'interno del Regno Unito comporterà la perdita del cosiddetto passaporto europeo per gli strumenti finanziari emessi a Londra e, pertanto, questo impedirebbe il collocamento, la distribuzione e la sollecitazione di tali strumenti finanziari all'interno del mercato europeo. Quindi, tali istituzioni finanziarie, per continuare a mantenere il proprio parco clienti e, soprattutto, il proprio potenziale commerciale nei confronti degli altri competitor europei, pensiamo ad esempio alle banche francesi, tedesche, spagnole o italiane, sarebbero obbligate a trasferirsi all'interno dell'Unione Europea per preservare questo status finanziario.

Per questo motivo svariate analisi sulle conseguenze della Brexit parlano di una Londra come Detroit nei prossimi anni. Vale a dire che la Brexit per Londra, potrebbe essere un disastro di proporzioni inimmaginabili. **Perché si cita Detroit?** Alla fine degli anni Sessanta, Detroit era considerata la città con il più alto livello di benessere, di crescita occupazionale e di espansione di tutti gli Stati Uniti d'America, questo grazie alla presenza, nel suo cuore, dell'industria automobilistica americana con le tre grandi General Motors, Chrysler e Ford. Il lento deterioramento di queste tre grandi corporations americane per la concorrenza arrivata, soprattutto dall'Asia e dalle majors europee, ha prodotto una perdita di competitività di queste aziende che, con il tempo, hanno iniziato prima a ridurre e poi a dismettere le proprie linee produttive, portando lentamente Detroit a trasformarsi in una città con una straordinaria prosperità economica ad una delle più disagiate sul fronte socio-economico per la disoccupazione indotta che si è dovuta subire.

Londra, ad oggi, rischia questo tipo di scenario. La perdita delle grandi banche che generano, sul piano occupazionale, un indotto che alimenta capillarmente il tessuto metropolitano, rischia di replicare quanto accaduto negli States a Detroit. Non è casuale che subito dopo il voto del 23 giugno scorso grandi fondi immobiliari inglesi abbiano subito contrazioni di valore nell'ordine del 30% a fronte di smobilizzi repentini di investitori che temono per la temuta coesione e capacità di apprezzamento nel tempo dello stesso mercato immobiliare. Molti fondi sono addirittura stati congelati per l'incapacità di riuscire a smobilizzare parte del loro patrimonio con una tempistica contenuta.

Non è solo per Londra, le banche inglesi ed il Regno Unito che si intravedono, ovviamente, difficoltà, ma anche per altri Paesi dell'Unione Europea, i quali dovranno cominciare a sborsare molto più denaro sotto forma di contribuzione per la vita dell'Unione Europea avendo un componente in meno, la Gran Bretagna appunto, che partecipava con circa venti miliardi di euro ogni anno alle spese istituzionali della UE.

Ad esempio, per il nostro Paese, l'Italia, l'uscita del Regno Unito dovrebbe produrre una contribuzione aggiuntiva di circa un miliardo e tre, passando dai 17 miliardi e settecento milioni ai 19 miliardi stimati di maggior contribuzione. Il Paese che finanziariamente dovrà apportare il maggior contributo sarà la Germania che passerà da 31 miliardi e 500 milioni ai quasi 36 miliardi. Non si tratta comunque solo di contribuzione ai fondi europei, ma quanto, piuttosto, a vere e proprie conseguenze sul piano pratico nella vita di tutti i giorni; ad esempio il trasporto aereo, stando alle affermazioni di Ryanair, dovrebbe subire una considerevole ridimensionamento in termini di offerta di voli visto che dovrebbero diminuire i voli diretti a Londra dalle capitali e principali città europee. Questo a fronte dell'abbandono del sistema unico dei cieli europei che subirebbe la Gran Bretagna uscendo definitivamente dall'Unione Europea. Lo stesso valgasi anche per altri vettori low cost secondari come Jet2 e Easyjet, che avrebbero maggiori difficoltà a collegare città europee con, non solo la capitale inglese, ma anche altre città di rilevanza strategica come Bristol, Manchester, Birmingham, Liverpool e così via.

Pertanto terminiamo questo capitolo dedicato alle conseguenze della Brexit a distanza di quasi un anno dal voto e di un mese dalla formalizzazione della road map per l'uscita entro marzo 2019, soffermandoci su questi due punti chiave di riflessione, volti a riassumere il pensiero sino ad esso espresso.

In prima battuta, da quello che emerge, sembrerebbe che l'impatto, in termini negativi, pesi molto di più per il Regno Unito che per l'Unione Europea. Effettivi benefici economici di rilevanza sostanziale sul versante britannico ancora non se ne sono manifestati. Il quadro precario che contraddistingue, in ambito politico, tutto il Regno Unito, soprattutto a fronte del prossimo voto di giugno, lasciano ancora aperti molti interrogativi sul percorso che si dovrà intraprendere per giungere ad un trattato di negoziazione bilaterale condiviso ed accettato da ambo i fronti.

Ultimo, il referendum, come abbiamo detto, che verrà richiesto dalla Scozia entro la fine del prossimo anno, potrebbe modificare sensibilmente tutta la fase di negoziazione con le autorità europee: la Gran Bretagna si può, sì, separare dall'Unione Europea, però non può accettare l'idea di rischiare la propria sopravvivenza come nazione britannica in tal senso infatti, l'eventuale abbandono della Scozia, produrrebbe un indebolimento epocale, se non l'inizio della fine, per quello che rimarrebbe del Regno Unito.

3

Banche italiane,
una storia infinita

Lo stato di salute delle banche italiane rappresenta ancora un sempreverde tema di discussione dominante, nei palinsesti dei più rinomati (e di quelli più malfamati) talk tv. Le ragioni di questo interesse ciarliero ci sarebbero, altroché, a fronte della costante turbolenza e dell'aggressione finanziaria che hanno subìto le banche italiane quotate alla Borsa di Milano. Notoriamente, proverbialmente paragonata ad un piccolo "pollaio", con poche gallinelle dalle uova d'oro, ma come di consueto chi si accontenta, gode.

Il risparmiatore medio rimane un soggetto frastornato. Un uomo (o una donna) completamente disorientato ed impaurito per quanto sta accadendo attorno a lui. Sentendosi come in un frullatore impazzito.

Questo stato di ormai cronica confusione mentale ha un apogeo, con l'entrata in vigore, all'inizio del 2016, della cosiddetta (e temuta) "procedura di bail in". Che scarica la responsabilità e l'intervento finanziario per un salvataggio bancario esclusivamente a carico dei stakeholders, ossia della pletora di azionisti, obbligazionisti e correntisti. Ci troviamo davanti ad uno snodo comunicativo mica da ridere ossia far comprendere in parole semplici la crisi delle banche italiane. Su questo terreno convergono molte argomentazioni e troppe problematiche convergenti. Che, nel loro complesso, ineriscono il panorama bancario italiano, in piena evoluzione per l'emersione, la fruizione e concorrenza dei dispositivi mobili. Quelli che consentono la multicanalità operativa. Oltre a questo non possiamo dimenticare gli effetti della politica monetaria a tassi zero adottata dalla Banca Centrale Europea che, come sappiamo, si protrarrà almeno per altri diciotto mesi, la quale impatta drasticamente anche sulla redditività bancaria.

A questo quadro "idilliaco" (virgolette di sarcasmo comprese), dobbiamo aggiungere anche la consueta mancanza di una regia con exit strategy e governance avveduta, lungimirante e credibile da parte dei governi italiani, sia quello in carica, di Gentiloni, che quelli che in passato lo hanno preceduto.

Per questa ragione riteniamo propedeutico suddividere questo capitolo in sette paragrafi. Ognuno dei quali descriverà tematiche sostanziali che si legano allo stato di salute del sistema bancario italiano e che consentiranno di comprendere, nella loro globalità, lo scenario che stiamo vivendo. E purtroppo subendo.

1) NPL: ma che cosa sono ?

Sentiamo utilizzare con una certa frequenza questo acronimo da parte della stampa di settore italiana, da oltre un anno.

Ebbene, NPL è un acronimo che rappresenta questa definizione: non performing loans. Traduciamo subito in italiano: crediti deteriorati. A spanne, diciamo sulla base della empirica ma sempre efficace "nasometria", non è una bella definizione. Non ci trasmette buone sensazioni.

Dal 2011, ovvero da quando l'Italia è stata colpita pesantemente dalla speculazione finanziaria, dritto al cuore del suo debito pubblico (enorme ed in perenne crescita, solo quello), ha accumulato anno dopo anno **oltre 350 miliardi di euro** di prestiti difficilmente redimibili. Traduciamo a braccio anche qui: si tratta, a tutta evidenza prognostica, di prestiti che sono stati concessi dal sistema bancario negli anni precedenti che, nel corso del tempo, a fronte del deterioramento economico complessivo del tessuto sociale ed imprenditoriale italiano, non risultano recuperabili. A causa della insolvenza ed insolvibilità dei beneficiari. Requiem e una prece, dunque, su quelle uscite. Come direbbero a Napoli, chi ha dato, ha dato; chi ha avuto, scurdammocce 'o passato.

Questo quantitativo così cospicuo di prestiti considerati "non rimborsabili" ha prodotto, in questi ultimi anni, sul corpo e nell'organismo delle banche italiane perdite secche per oltre 60 miliardi di euro. Quello che, in un certo senso, ci rincuora è tuttavia la constatazione che negli anni, lo stato di salute dei nostri istituti di credito ha cessato di peggiorare. E, dalla fine del 2016, ha concluso in qualche modo la fase di autodiagnosi interna.

Purtuttavia, per molte delle nostre banche, come vedremo, ristagna un inquietante alone di mistero in relazione alla prognosi della malattia.

Non vi è dubbio alcuno che gli NPL rappresentino oggidì un ostacolo grosso come una casa alla ripresa del

Paese-Italia. Soprattutto, al recupero di salute e forza del suo cuore economico, che è proprio il sistema bancario italiano. Che necessita di poter smaltire con velocità quelle poste-zavorra di cui abbiamo parlato. Un dato ci gela il sangue, facendoci intuire che non sarà agevole "guarire": l'Italia detiene il primo stock di NPL in tutta Europa. Uno stock stimato, in aggregato netto, di quasi 100 miliardi di euro. Sono dati di bilancio al 31 dicembre 2016. Rappresentano un quarto di tutti gli NPL delle banche europee. Come dire che l'Italia è, per definizione non revocabile in dubbio, "il malato bancario" - e non immaginario - all'interno dell'Unione Europea.

E quindi, la dimensione smodatamente dilatata degli NPL rende il nostro Paese particolarmente vulnerabile sul versante finanziario. A mò di dimostrazione, c'è la presa di coscienza che i nostri istituti di credito hanno avuto bisogno in questi ultimi mesi di continui interventi di emergenza e soccorso, per non soccombere. E, con essi, cadendo a peso morto, la folla dei risparmiatori.

Per citare alcuni dati che ci consentono di comprendere la gravità che hanno gli NPL in questo momento a carico del settore bancario consideriamo che, in epoca antecedente la crisi 2007-2008, se una banca mediamente otteneva 100 come ricavi per la propria attività ordinaria, a cui poi si dovevano computare 60 quali costi operativi, si produceva un margine operativo di valore aggiunto pari a 40. A questi 40, si dovevano sottrarre 15 in qualità di ordinaria svalutazione sui crediti. Che, pertanto, portavano il risultato antecedente alle imposte dell'istituto di credito ad un complessivo di 25.

Oggi invece ci troviamo in una situazione completamente diversa: a parità di ricavi con 100, e costi operativi anche ridotti e abbassati a 50, le svalutazioni sui crediti, cioè sui vari prestiti concessi negli anni precedenti alle famiglie come alle imprese, arrivano ad erodere completamente anche la voce dei ricavi. Toccando vette superiori a 100, 120, 130. E portando inesorabilmente il risultato economico dell'istituto di credito in oggetto pesantemente in territorio negativo.

In questo momento, alcune grandi banche a caratura nazionale necessitano di dismettere quanto prima parte dei loro crediti deteriorati. Ne citiamo alcune: il Monte dei Paschi di Siena, 28 miliardi; Unicredito, 17 miliardi; Banca Intesa, 18 miliardi; Banco Popolare, 8 miliardi. Non si scappa: generalmente le cessioni di crediti deteriorati producono pesanti perdite economiche per le banche che si apprestano ad effettuarle.

Per dare un parametro di lettura e comprensione di queste dinamiche, considerate che molto spesso queste cessioni vengono effettuate al 15% del valore nozionale. In termini pratici significa che una banca, che aveva concesso, per esempio, 1 milione di euro di prestito ad un'azienda che è incapace di restituire il prestito in tempi ragionevoli, cede il suddetto credito ad una società veicolo esterna. Generalmente si tratta di società dedite al recupero crediti. Lo sconto praticato è molto alto, diciamo dell'85%.

Come dire che la banca realizza - subito - una perdita secca di 850 mila euro. Svalutando pertanto automaticamente la posta contabile considerata dell'85 %. Mentre la società di recupero che accetta l'acquisto del credito in questione lo mette nel proprio bilancio per il 15 % del valore nozionale di cessione - quindi di 150 mila euro - confidando che possa guadagnare semplicemente recuperando almeno un importo notevolmente più contenuto di quello originariamente prestato. È per questa ragione, che negli ultimi diciotto mesi, sulla scena bancaria italiana, assistiamo ad operazioni costanti di ricapitalizzazione da parte di banche che procedono a dismettere elevate quantità di stock di credito deteriorato. Che, a loro volta, producono perdite consistenti, che debbono essere coperte mediante l'iniezione di nuovo capitale di rischio. Un meccanismo perverso, che costituisce una seria ipoteca sulla possibile ripresa del nostro sistema economico, produttivo e sociale.

2) Esuberi e sportelli

La crisi delle banche italiane passa anche dalla morfologia stessa del tessuto bancario. Che si è evoluto (o involuto, a seconda dell'angolo visuale) negli anni precedenti la crisi, ricorrendo a strategie di espansione sul territorio mediante l'apertura di altre filiali diciamo così "tradizionali".

La trasformazione del mondo dei servizi bancari non solo in Italia, ma anche in molte altre economie avanzate, impatta a nostro giudizio in modo significativo sugli stessi costi operativi delle banche. Che si rendono benissimo conto come – oggidì - la "filiale fisica" con tanto di sportelli e uffici sia anacronistica. E insomma non sia più in grado di generare il valore aggiunto che un tempo produceva. Una era archeologica fa. In questa chiave di lettura dei cambiamenti epocali in pieno corso di svolgimento, soprattutto le banche a grande dimensione nazionale, hanno intrapreso la strada dello sfoltimento, tanto del personale che del numero di filiali disseminate sul territorio.

I piani industriali dei primi gruppi bancari italiani stimano di produrre risparmi, in termini di costi operativi, per un controvalore superiore ai tre miliardi nell'arco dei prossimi due anni. Un esito reso possibile con il drastico (e sanguinoso) ridimensionamento degli organici del personale, per svariate decine di migliaia di unità.

Citiamo alcuni esempi: il piano industriale del Monte dei Paschi prevede esuberi per quasi 3000 unità. In Unicredito si stima altrettanto. Il Banco Popolare per 2100 unità. Il gruppo UBI banca per 1300 e via discorrendo. Parallelamente ai piani industriali per lo **sfoltimento del personale**, stiamo assistendo anche al blocco del turnover, senza la possibilità, per chi venga invitato ad abbandonare il mercato del lavoro accomodandosi all'uscita della filiale, di essere sostituito da una risorsa umana giovane reclutata sul mercato del lavoro.

Il 10% delle filiali italiane sono state chiuse, o vendute o abbandonate, nel periodo tra il 2000 ed il 2016. Nello specifico passando da 33.663 filiali – leggasi sportelli bancari del 2010 – ai 30.064 del 2016.

In sostanza, nell'ultimo triennio 2013-2016, i piani di esubero del personale hanno prodotto uscite per 12.000 unità ed altre 16.000 dovranno seguire entro il 2020. La metà di queste 16.000 "uscite" vengono ipoteticamente considerati dei pre-pensionamenti.

Quindi, poco da discutere: il sistema sta reagendo, eccome, alla fase di profonda criticità che lo sta caratterizzando. Intervenendo sui costi operativi, snellendo la posta in questione e rendendo l'istituto di credito più efficiente in termini di onerosità economica.

Questa rivoluzione copernicana del sistema bancario, che si lega ad un cambiamento storico del modello di business, produce conseguenze infelici e dirette per la stessa clientela, persino sul piano psicologico e comportamentale. La clientela, infatti, si rende conto di come la filiale vada a perdere la sua storica connotazione di legame con il territorio, trasformandosi, invece, più in un centro di servizio strategico. Le persone, sempre più anziane in una società come la nostra in rapido invecchiamento, manifestano una disarmante sensazione di disorientamento, causata dalla perdita di contatto "fisico" e quotidiano con la propria banca storica. Le persone con un certo dispetto e fastidio debbono pertanto fare buon viso a cattivo gioco, metabolizzando e comprendendo il senso delle "pressioni" che ricevono, da parte di un personale bancario che spinge per la fruizione dei servizi bancari mediante i dispositivi multicanale.

Apriamo una piccola, ma significativa parentesi "giornalistica", con citazione di parte di un articolo di Massimo Gramellini, apparso nella sua rubrica quotidiana "Il caffè", sul Corriere della Sera del 15 marzo 2017. Ci sembra interpretare bene lo specchio dei tempi bancari. Sentite cosa scrive Gramellini: "Il posto in banca **era un miraggio**, è diventato quasi un oltraggio. Dice il dipartimento di medicina del lavoro di Pisa che, ogni cento lavoratori stressati, venti sono bancari. Gli altri ottanta, si presume, clienti. Secondo una ricerca della Sapienza di Roma, l'82% degli impiegati di banca soffre d'ansia e il 28% fa uso di psicofarmaci. Meraviglie del turbocapitalismo finanziario, decantato solo da chi non è mai stato toccato dal suo pungiglione. In molte banche, l'impiegato si trova tra due fuochi. I manager sono animati dall'unica missione di "fare budget" e dall'altro gli utenti da spennare, molto spesso ingenui o semplicemente fiduciosi, ma in qualche caso fin troppo avidi nell'accettare rischi assurdi, di cui poi incolperanno chi ha indotto loro a correrli. Se agisce con prudenza, perde il posto. Se lo fa con bramosia, perde la faccia". Fotografia molto efficace e nitida della reale situazione.

Ma andiamo avanti: le banche più grandi hanno l'abitudine spiccia di classificare la propria clientela all'interno di due comparti. La divisione retail e la divisione corporate. L'idea sottesa a questa dicotomia è quella di veicolare, con il tempo, una determinata parte di servizi all'interno di filiali esclusivamente retail e, viceversa, per quanto concerne i servizi cosiddetti corporate.

Pertanto, nel futuro dell'industria bancaria assisteremo ad una salutare mutazione genetica che produrrà un cambio significativo di approccio al mercato, molto diverso da quello a cui tradizionalmente era abituato l'italiano medio.

La banca del futuro, per intenderci, svilupperà punti di fruizione multigruppo; vale a dire in cui converranno i servizi retail di più istituti di credito e poi filiali monobrand, con una forte caratterizzazione distintiva in termini di marketing, per esempio filiali colorate con arredamento sgargiante e vistoso, facili da essere visivamente identificate, ubicate in luoghi strategici ad elevato transito.

È sufficiente comprendere questo tipo di modello pensando a come si stanno proponendo sul mercato, banche originariamente nate esclusivamente per il comparto online, vale a dire "Che Banca" ed "ING direct". Istituti che per farsi conoscere come tali hanno fatto un ingente investimento promozionale in una o più campagne di spottistica che tutt'ora imperversano sui media.

Per terminare, quindi, possiamo dire che le conseguenze, in ambito di sistema bancario, sono ancora in divenire. Purtroppo l'evoluzione del panorama è stata troppo veloce, tanto che la maggior parte degli istituti di grandi dimensione si sono trovati incapaci di reagire con prontezza di riflessi, appannati da troppi lustri di stasi. E avendo prosperato soprattutto in termini di rendita di posizione e non per servizi all'altezza dei cambiamenti in atto.

Questo, forse, anche a causa di un management di età troppo avanzata. Ma il messaggio fondamentale con cui vi vogliamo lasciare è che, d'ora in avanti, vi dovrà far ridere leggere o sentire un istituto di credito che si presenti o enfatizzi la propria vocazione in qualità di banca del territorio: semplicemente perché il futuro dell'industria bancaria – piaccia o non piaccia, non fa differenza - non sarà basato sul presidio di un determinato territorio specifico, bensì sulla presenza e fruizione dei propri servizi attraverso la rete e i dispositivi di ultima generazione.

3) Tassi e redditività bancaria

Le banche italiane sono poco redditizie. Questo accade a fronte di oneri operativi di funzionamento che sono notevolmente superiori rispetto ai competitors europei. Per citare alcuni dati consideriamo come il "ROE", ovverosia il "return of equity" mediamente, per un istituto di credito italiano a presenza nazionale, sia al 3% contro un 8% di un competitor europeo.

La politica monetaria della BCE, di cui abbiamo avuto modo di parlare in precedenza in modo diffuso, ha prodotto un effetto collaterale decisamente negativo su tutto il comparto bancario italiano ed europeo: alludiamo all'erosione dei margini di redditività.

Con i tassi a zero, infatti, un istituto di credito ha veramente poca capacità di generare redditività. E pertanto le soluzioni a cui possono ricorrere sono rappresentate o da un miglioramento della qualità del credito, cioè prestare di più e soprattutto prestare meglio – passaggio arduo in Italia per lo scenario socio-economico dell'intero Paese - oppure tentare di modificare una parte dei servizi offerti. In questa direzione, abbiamo potuto notare come molte banche stiano spingendo moltissimo sui servizi di gestione e di consulenza all'investimento, che sono in grado di generare ricavi, a prescindere dall'attività bancaria ordinaria.

Ulteriormente, si potrebbe anche cercare di aumentare e di migliorare il tasso di recupero sui prestiti concessi in precedenza, in modo tale da comprimere il più possibile la voce "svalutazione crediti".

Generalmente le banche guadagnano se prestano denaro e in particolare facendo accendere i mutui. Però guadagnano con i mutui se essi sono di buona qualità e se i tassi di interesse non sono a zero o negativi, come al contrario stiamo osservando negli ultimi semestri, ossia negativi.

Qualora la Banca Centrale Europea inizi a rialzare, seppure moderatamente, i tassi di interesse, basterebbero anche solo 50 punti base per ottenere un significativo miglioramento. A quel punto, potremmo vedere delle conseguenze "confortanti" che impatteranno virtuosamente sui bilanci ed i conti economici delle principali banche italiane. A fronte di un rialzo modesto dei tassi di interesse, diverrà plausibile infatti aspettarsi una remunerazione, ancorché contenuta o ancora a zero dei depositi. In tal modo, aumenterà considerevolmente la marginalità dell'attività caratteristica bancaria. E il sistema potrà finalmente rimettersi in cammino.

Così, in futuro è plausibile attendersi numerose

operazioni forzate o amichevoli di M&A (merger and acquisition) cioè fusioni tra istituti di credito – siano essi amici o nemici - che consentiranno di aumentare i ricavi e diminuire sensibilmente i costi operativi a seguito di nuove economie di scala.

Solo con nuove aggregazioni (ostili o meglio obbligate) sarà possibile vedere la nascita di nuovi grandi gruppi bancari in Italia, capaci di competere ad armi pari con i concorrenti europei, soprattutto sul piano della governance, della solidità e in ultima istanza della redditività.

Vogliamo ricordare una domanda che spesso ci viene posta durante i nostri incontri pubblici: "Ma perché le banche italiane si sono ridotte a diventare le peggiori in Europa per redditività e solidità?".

La risposta a questo ricorrente quesito, la dobbiamo ricondurre alla genetica implicita che hanno avuto quasi tutte le banche italiane in questi ultimi decenni. Istituti di credito in cui gli azionisti di maggioranza, assoluta o relativa, erano quasi sempre le fondazioni bancarie. Fondazioni che ne controllavano la gestione. E i consigli di amministrazione di queste fondazioni bancarie altro non erano che un parcheggio lottizzato di politici o amici degli amici che avevano aiutato e asservito la forza o il partito politico di turno al Governo. Poltronificio, come diciamo sempre. Le conseguenze di questo schifo sono sotto gli occhi di tutti quelli che non se li foderano di prosciutto.

Quindi, in sintesi, in Italia, sul fronte bancario non si è mai creata una classe dirigente di banchieri capaci, indipendenti, autonomi, competenti e determinati provenienti dallo stesso mondo bancario. Quanto, piuttosto, di pseudopolitici "prestati" alla industria bancaria all'unico scopo di generare consenso e voti di scambio sul territorio.

Se ci pensiamo bene, comprendiamo per quale motivo, in Italia, si siano aperte molte più filiali in rapporto a quanto fatto negli altri Paesi europei. Per la politica, infatti, la filiale rappresentava un modo pratico di foraggiare il territorio. Pensiamo, infatti, al personale che doveva essere assunto (e che, con le loro famiglie, sarebbe stato riconoscente al potente di turno e ai suoi adepti bancari) e pensiamo ai prestiti che dovevano essere concessi al territorio. Ma soprattutto "agli amici degli amici", a condizioni super privilegiate.

In definitiva le banche italiane pagano sulla loro pelle (e su quella dei loro stakeholders) questo connotato genetico clientelare-affaristico, in cui la politica ha sostanzialmente impedito la nascita e la maturazione di una classe dirigente all'interno di un comparto economicamente strategico per l'intero Paese.

4) Il Monte dei Pacchi

Gli italiani ricorderanno come, nel dicembre del 2016, l'aumento di capitale per 5 miliardi che necessitava il Monte dei Paschi di Siena per ricapitalizzarsi, a fronte delle richieste di rafforzamento patrimoniale ricevute dalla Banca Centrale Europea sia fallito. Fallito nel senso che il mercato non ha reputato credibile prestare altro capitale di rischio alla banca più antica del mondo, nella speranza fumosa che quest'ultima potesse rinvigorirsi e rimettersi in piedi. Monte dei Paschi è senza dubbio alcuno la banca simbolo della debolezza del sistema bancario italiano e proprio per questo essere "il simbolo", MPS necessita di un riepilogo da parte nostra in Apocalypseuro.

Le ragioni per cui MPS si trova in questa situazione disastrosa partono almeno trent'anni fa. E ci parlano del rapporto incestuoso, perverso, malsano che MPS ha avuto con la politica locale a Siena e nazionale, del partito maggioritario a sinistra. MPS per decenni è stata controllata strettamente dalla politica. E lo è rimasta dagli anni Novanta in avanti. La maggioranza assoluta delle azioni MPS erano nel possesso della Fondazione Monte dei Paschi. Istituzione semi-privata con i vertici "cooptati" tra i rappresentanti della politica senese e regionale: il sindaco di Siena, il presidente della provincia e quello della Toscana. Oggi invece la fondazione possiede una percentuale minima di azioni.

Il Partito Comunista è sempre stato il più forte in quelle aree e MPS è storicamente stata la banca del PCI, del PDS, dei DS e dopo del PD.

Molte altre banche italiane di grande di dimensione avevano quote possedute da fondazioni bancarie, ma solo MPS era l'unica in cui il controllo completo era nelle mani della Fondazione.

Risultato? MPS e la Fondazione investivano in maniera massiccia a Siena e in Toscana, sulla base di logiche politiche. Infischiandosene bellamente della sostenibilità e della profittabilità degli investimenti. università, ospedali, squadre sportive, palio di Siena: tutto veniva foraggiato da MPS.

Questo modus operandi è andato in scena anche nei casi delle quattro banche salvate dal Governo Renzi a fine 2015, con l'ex premier che invitava ad investire tranquillamente in MPS poiché sarebbe stato un ottimo affare (sigh e sob). Si è appurato anche come i manager di MPS concedevano prestiti ad amici ed alleati ben sapendo che non li avrebbero mai restituiti.

Lo spasmodico e nevrastenico bisogno di elargire quattrini, ha spinto nel tempo MPS a compiere operazioni disinvolte, discutibili se non ai limiti della legalità.

Ad esempio, la magistratura nel 2013 ha dimostrato che per anni i manager MPS avevano sottoscritto dei complicati contratti derivati con alcune banche. Con questi titoli, nascosti ai controllori interni e agli istituti di vigilanza, gli amministratori erano riusciti a occultare le perdite 2009. Trasferendole sugli anni successivi. Ed è in virtù di questa operazione che MPS distribuì utili nel 2009, consentendo alla solita Fondazione di finanziare le sue attività. E via dicendo.

Ma vogliamo ricordare qui che l'operazione più allucinante fu l'acquisto per 10 miliardi di euro di Banca Antonveneta, storico istituto del Nordest con sede centrale a Padova, finito in crisi ed acquistato prima da un gruppo olandese e poi da uno spagnolo.

A fine 2007 MPS ultimò l'acquisizione, nonostante si facesse notare che solo pochi mesi prima, Antonveneta fosse stata ceduta al gruppo Santander per 6,6 miliardi di euro, non un centesimo di più. Pertanto, in pochi mesi MPS aveva pagato per la stessa banca un prezzo quasi raddoppiato. Poi comincia la grande crisi. E saltano fuori le grane.

MPS riceve un primo aiuto pubblico nel 2009. Nel 2012 un secondo prestito. L'allora presidente di MPS, Giuseppe Mussari si dimette. Al suo posto arriva Alessandro Profumo, ex amministratore delegato di Unicredit.

Mentre scriviamo MPS ha 27 miliardi di euro di crediti deteriorati in pancia, frutto tanto degli effetti secondari della crisi economica italiana che ha reso insolventi migliaia di piccole e medie imprsse quanto delle indecenti politiche di credito di MPS, roba che grida vendetta al cielo (lo stesso che il simpatico Atlante dovrebbe sorreggere, con le quattro "palanche" di cui è stato dotato).

Dal 19 dicembre del 2016, il titolo Monte dei Paschi è

stato sospeso dalle contrattazioni. E precedentemente alla sospensione, le quotazioni delle azioni della banca senese sono andate sulle montagne russe con vertiginosi ed assurdi picchi di volatilità mai visti in precedenza.

Senza girarci tanto attorno, per il Monte dei Paschi non si è ancora fatto vivo nessun investitore istituzionale (italiano o estero) con una proposta credibile, capace di rilanciare questo disastrato istituto. E, soprattutto, in grado di riportare MPS in linea di galleggiamento ed in condizioni di redditività e solidità patrimoniale, necessarie per la vita di questa banca moribonda.

Quello che, invece, abbiamo appreso con i primi mesi del 2017, è che lo Stato, appellandosi all'articolo 32 della BRRD, cioè alla Direttiva per la Risoluzione delle Crisi Bancarie, si farà carico di sostenere finanziariamente, in ottica straordinaria e per un periodo di tempo limitato, il Monte dei Paschi di Siena. Probabilmente con la sottoscrizione di gran parte dell'aumento di capitale sociale. Portando il ministero del Tesoro italiano a diventare il primo azionista in senso assoluto della banca senese, con una quota di detenzione di oltre l'80 %.

Questo tipo di salvataggio è stato reso possibile grazie al Decreto Salva Risparmio, che è poi l'ennesimo procedimento d'urgenza per il salvataggio di una o più banche in Italia, varato dal Governo Gentiloni con la trasformazione di 20 miliardi di debito pubblico di nuova emissione in capitale di rischio, che dovrà essere fatto confluire in banche, in questo momento profondamente in difficoltà nella loro attività caratteristica. Di questi 20 miliardi, che tutto sommato possono essere considerati come una sorta di paracadute, ancora una volta provvisorio e probabilmente di entità insufficiente per il sistema bancario italiano, 9 miliardi dovranno confluire per il Monte dei Paschi ed almeno 5 per Banca Popolare di Vicenza e Veneto Banca. Si stima che questo aumento di spesa di debito pubblico, dedicato esclusivamente alla produzione di risorse che serviranno al Tesoro per dare supporto a queste banche in difficoltà, dovrebbe costare mediamente qualcosa come 300 euro a testa per ogni italiano. Sotto forma di oneri finanziari, che si dovranno sostenere nel tempo per rimborsare questo nuovo capitolo di spesa di stock di debito italiano.

L'aspetto più critico che riguarda il "Decreto Salva Risparmio" a nostro parere si lega alla consapevolezza di come in Italia, in questo momento, per l'intero panorama bancario tricolore, manchi completamente una "exit strategy". Ovvero, manchi una decisione strategica definitiva, che consenta di mettere in sicurezza l'intero settore bancario, piuttosto che ricorrere sistematicamente ad interventi disperati in "zona Cesarini". Anche perché ci sembrano finiti anche i tempi di recupero.

5) Decreto Salva Banchieri

Alla fine dello scorso anno – era il dicembre del 2016, diciamo quindi nella fase pre-referendaria - abbiamo visto il decreto del Governo Renzi, denominato dalla stampa nazionale "il Salva Banche" intervenire a risanamento della crisi che aveva colpito quattro banche insolventi: la Popolare dell'Etruria, Banca Marche, Cassa di Risparmio di Ferrara e Cassa di Risparmio di Chieti. Con il tempo abbiamo scoperto che più che "Decreto Salva Banche" si è trattato di un vero e proprio "Decreto Salva Banchieri".

Tale disposto di legge ha formalizzato la costituzione di quattro "good banks" ed una "bad bank".

Sostanzialmente, il Fondo di Risoluzione della Crisi Bancarie, alimentato dai contributi degli oltre 200 istituti di credito italiani, ha erogato risorse finanziarie per 3,6 miliardi alle nuove banche costituite per far fronte all'avviamento. Tutti i crediti, invece, deteriorati dei quattro istituti di credito falliti sono confluiti all'interno di un veicolo finanziario che, nel tempo, si occuperà di smaltirne il patrimonio ereditato.

L'aspetto poco finanziario della vicenda, perché per la prima volta, di fatto, si è implementato il "bail in" in Italia, visto che a pagare le conseguenze di questo cosiddetto "salvataggio" sono stati gli azionisti e gli obbligazionisti subordinati delle rispettive suddette quattro banche, che hanno visto le proprie azioni o il controvalore delle proprie obbligazioni andare letteralmente a zero.

Questo meccanismo di salvataggio non ha, pertanto, prodotto la necessità di prelevare risorse a carico dei contribuenti italiani quanto piuttosto a carico dell'intero sistema bancario, che ha dovuto produrre le risorse per dare supporto finanziario a questi istituti di credito. Ovviamente, la vicenda ha generato notevole riverbero mediatico anche per i fatti di cronaca nera che hanno caratterizzato la vita ed il territorio di queste banche, vale a dire che vi sono stati azionisti ed obbligazionisti che, purtroppo, si sono suicidati per aver perduto completamente i risparmi o le disponibilità di un'intera vita.

Per questa motivazione, ad inizio di quest'anno, è stato predisposto una sorta di fondo di solidarietà dal Decreto Salva Risparmio (citato nel precedente paragrafo), con la finalità di strutturare un rimborso forfettario all'80% solo nei confronti di determinati obbligazionisti che si trovassero ad avere determinati requisiti di patrimonio e di reddito personale. In tal senso, la procedura consente di poter presentare una richiesta di rimborso fino al 31 maggio del 2017. Invitiamo chi, purtroppo, dovesse essere incorso in questo primo episodio di bail-in in Italia a rivolgersi, ad esempio all'Associazione Vittime del Decreto Salva Banche o ad un'associazione di consumatori per conoscere le modalità con cui è possibile accedere alla procedura di rimborso.

6) Il Fondo Atlante

Atlante è un personaggio della mitologia greca. Era figlio di Giapeto e Climene. Secondo un'altra versione, sarebbe figlio di Zeus e Climene. Per Platone, sarebbe invece figlio di Poseidone e di Clito. Insomma, una genitorialità incerta. Per Esiodo, Zeus lo costrinse a tenere sulle spalle l'intera volta celeste. Punizione inflitta per essersi alleato col padre di Zeus. Crono, che guidò la rivolta contro gli dei dell'Olimpo.

Nell'Odissea, Atlante è descritto come uno dei pilastri del cielo. Da noi, più modestamente e prosaicamente, Atlante avrebbe dovuto reggere le nostre disastrate banche. Nell'aprile del 2016, per dare sostegno alle banche italiane allora in difficoltà e creare anche un mercato nuovo per gli NPL italiani, al di là delle svalutazioni ordinarie al 20% del facciale, nasceva il Fondo Atlante, presentato in pompa magna dal Governo Renzi come uno strumento volto a rafforzare e dare credibilità alle banche italiane.

A distanza di un anno, scopriamo come il provvidenziale, salvifico, olimpico "Fondo Atlante" si sia dimostrato un gigante con i piedi d'argilla. Davvero una divinità farlocca, senza padre e senza madre come dicevamo sopra. Nient'altro che una patetica bufala. Solo che, tanto per cambiare, i media di regime non ne parlano affatto, meglio non disturbare il manovratore.

Parentesi sul diritto-dovere ad essere informati, poiché, come evidenziava Luigi Einaudi, soltanto il conoscere rende possibile il deliberare, e quindi il decidere. E qui si apre la palude, con le sue sabbie mobili.

A volte, anche in ambito bancario, non ci resta che la controinformazione dei whistleblower, locuzione angloamericana che è traducibile alla lettera in soffiatore di fischietto. Ma che, per traslato deteriore, è etichettata come "delatore". Perché in realtà nel nostro lessico, non c'è una parola equivalente. E l'assenza semantica traducente è per chi scrive rivelatoria ed indicativa: per motivi storici, socio politici e culturali, in Italia non vi è una tradizione assimilabile a quella angloamericana.

La definizione whistleblower va applicata per esempio al dipendente della contabilità di un ente o di una impresa, che si accorga di un buco di bilancio; come al ricercatore che scopra che il farmaco che sta per essere immesso sul mercato dalla casa farmaceutica possa avere effetti collaterali nocivi alla salute. E così via. Il whistleblower trasmette queste informazioni a una autorità che abbia il potere di intervenire per fermare un comportamento illegale.

Pensate che negli States, anno 1863, Lincoln firmò una legge chiamata False Claim Act, con una ricompensa per chi denunciava frodi ai danni del governo federale. Nel Regno Unito, anno 1998, è stata promulgata la legge più completa in materia, il Public Interest Disclosure Act.

Mentre in Italia una prima presa di coscienza politica del tema del whistleblower è contenuta nell'articolo 51 bis della legge "anticorruzione" 190/2012, "Tutela del dipendente pubblico che segnala illeciti".

Ecco spiegato perché da noi sui nostri media principali,

legati a doppio filo ai poteri forti, whistleblower sia tradotto come spia, sicofante, delatore, talpa. Alimentando connotati negativi di slealtà, scorrettezza e tradimento del patto fiduciario per un tornaconto ed interesse personale. Mai abbinando al termine whistleblower un comportamento civico improntato a ferma e virtuosa eticità.

E questo la dice lunga su come siamo messi in Italia, sul piano di una corretta e plurale informazione.

Ed è vero che, a sorpresa, nell'ultima e recente classifica sulla libertà di stampa di Reporter sans Frontieres il nostro Paese scala 25 posizioni, attestandosi alla 52esima posizione. Ma il livello di intimidazione e di attacco a chi voglia accendere le luci della conoscenza nella aree più buie e torbide della realtà, anche in campo economico e bancario, lungi dal decrescere sta aumentando di intensità e "qualità".

Ma torniamo al mitologico Atlante. Strategicamente, la sua funzione e obiettivi si possono considerare dichiaratamente falliti. E, probabilmente, anche la sua vita residua potrebbe essere giunta al capolinea.

Il Fondo Atlante, nello specifico, è un vero e proprio fondo di investimento, con un capitale di 5 miliardi di euro proveniente dai conferimenti delle principali grandi banche italiane (IntesaSanPaolo e Unicredito), con in aggiunta la presenza della Cassa Depositi e Prestiti oltre ad altre istituzioni finanziarie ed assicurative del Paese. Di fatto i soggetti che partecipano al fondo sono tutti puri investitori in capitale di rischio. La finalità del fondo, in termini di costituzione, era quella di puntare a evitare il ripetersi delle infelici soluzioni adottate dal Decreto Salva Banche di cui abbiamo parlato prima. Soprattutto per limitare il più possibile il rischio di una crisi di fiducia dei depositanti a fronte di quanto accadde ai detentori di azioni ed obbligazioni delle quattro banche coinvolte ed oggetto del medesimo decreto.

Sin dall'inizio, Atlante è stato considerato uno strumento finanziario con una dotazione di capitale ritenuta insufficiente per la mission che si era dato. Sappiamo infatti come, di questi 5 miliardi, 2,5 sono stati assorbiti per le sottoscrizioni degli aumenti di capitale sociale di Banca Popolare di Vicenza e Veneto Banca, con un ulteriore miliardo resosi disponibile per supportare la fusione tra i due istituti veneti. E perciò, le risorse a disposizione non possono certo essere considerate di entità significativa, atta ad essere congrua ed adeguata per esperire ulteriori salvataggi che si dovessero manifestare nel fragile e deforme panorama bancario italiano.

Per chi scrive, il Fondo Atlante - a tutti gli effetti - deve essere considerato come una tipica storia di insuccesso all'italiana. Un fiasco olimpico senza se e senza ma.

Soprattutto se pensiamo che Unicredito e IntesaSanPaolo hanno recentemente svalutato del 40% proprio la loro quota di investimento partecipativo all'interno del Fondo Atlante, questo a fronte delle perdite che hanno contabilizzato, per l'esercizio 2016, Veneto Banca e Banca Popolare di Vicenza per quasi 3,5 miliardi di euro in aggregato.

Quindi, nel complesso, si potrebbe ipotizzare che, oggi, il controvalore del fondo si sia sostanzialmente quasi dimezzato, a fronte dei risultati pesantemente negativi dei soggetti istituzionali in cui il fondo stesso è andato ad investire.

7) Il Texas Ratio

Nonostante il "bail-in" sia andato in vigore dal 2016, nonostante la pubblicità e propaganda che hanno fatto tantissime banche per ostentare il proprio grado di salute, ad oggi moltissimi risparmiatori italiani sono nel panico più completo per l'incapacità di determinare e comprendere se il proprio istituto di credito si trovi effettivamente in condizioni di salute finanziaria.

Fino allo scorso anno andava di moda analizzare e riportare il cosiddetto CET (Common Equity Tier), quoziente che misurava la solidità di un istituto di credito rapportando i prestiti complessivi che aveva concesso con il capitale proprio della banca.

Abbiamo visto che questo quoziente, può essere considerato necessario, ma non sufficiente per esprimere un giudizio di effettiva solidità di un istituto di credito.

Per questa ragione è stato ripescato il "Texas Ratio", che rappresenta un quoziente ideato dalla RBC Capital Markets, una società di analisi finanziaria statunitense, per analizzare la crisi delle banche in Texas durante gli anni Ottanta.

Nello specifico, questo quoziente misurava il rapporto tra gli NPL ed il capitale netto tangibile della banca. Se tale quoziente era superiore ad 1, la banca poteva essere considerata fallita. Proprio a fronte delle considerazioni che abbiamo esposto nel primo paragrafo di questo capitolo only banks.

Purtroppo il Texas Ratio risulta poco diffuso ed utilizzato, persino dalla stampa di settore, per passare ai "raggi x" un istituto di credito. E ciò accade, appare evidente ed implicito, per evitare di scatenare il panico tra i risparmiatori e gli stessi correntisti. Ma come insegna un antico adagio popolare, il medico amico fa purulenta la piaga.

Stando alle rilevazioni del 2015, cioè alle chiusure di bilancio dell'esercizio 2015, in Italia c'erano più di cento banche in cui i crediti deteriorati erano di molto superiori al capitale della banca considerata. Sostanzialmente eravamo in presenza di banche tecnicamente in default. Fallite. Oggi, riuscire a calcolare il Texas Ratio per la situazione attuale non è semplice, perché gli istituti di credito fanno il possibile per limitare la dimensione dei propri NPL e, soprattutto, **per darne diffusione pubblica**. Pertanto, il calcolo di questo quoziente può essere effettivamente realizzato e diffuso solamente a una distanza di tempo troppo grande da quando si vengono a conoscenza dei parametri vitali dell'istituto di credito per i quali si vuole implementare un'analisi. Cioè troppo tardi, perché – stando sempre ai broccardi popolani – è perfettamente inutile chiudere le porte della stalla, quando le vacche se ne sono tutte scappate fuori.

Terminiamo evidenziando ed enfatizzando come, purtroppo, a tutt'oggi il nostro Paese è completamente privo di una soluzione sistemica strutturale e definitiva per il risanamento bancario. E quindi risulta a noi auspicabile che chi si trova al governo, e arriverà in futuro a governare il Paese, provveda ad agire senza altro indugio. Visto che sono innumerevoli le volte in cui in Italia si è provato a cercare una soluzione dell'ultimo minuto, semplicemente spostando in avanti i problemi vitali. Ricordate la differenza tra statisti e politicanti? I primi trovano soluzioni ai problemi, costi quel che costi (anche non essere rieletti), gli altri alibi.

Non vogliamo fare gli uccelli del malaugurio, ma appre molto plausibile guardando al futuro il concepimento di un altro e nuovo fondo di salvataggio finalizzato proprio alle ricapitalizzazioni forzate degli istituti di credito italiani. Un fondo che potrebbe reperire le proprie risorse, magari ricorrendo proprio ad una patrimoniale ad hoc.

4

Euro, ma esiste
la exit strategy ?

L'espressione "exit strategy" significa, né più né meno, strategia di uscita. E' una strategia, dunque, che sappia indicare una via di uscita da qualcosa che danneggia o mette in pericolo chi debba attuarla per mettersi al riparo al più presto, rispetto ad una situazione pericolosa, insidiosa e comunque controproducente che lo coinvolga. Sui piani più variegati: politico (interno o internazionale), economico, sociale, lavorativo, comportamentale e cosi via. Applichiamo questa locuzione all'euro, la divisa unica europea, e avremo la Euro Exit Strategy.

Una espressione insensata, secondo una scuola di pensiero (unico), cioè fondamentalmente inutile ed oziosa, finanche utopistica (anche nelle migliori e più candide intenzioni): con la motivazione recisa e che non ammette repliche che, una volta entrati, dall'euro non si può più uscire. Lo prevederebbe l'articolo 75 inserito nella Costituzione. Che impedisce i referendum abrogativi che possano impattare sui trattati internazionali sottoscritti dai nostri governi. Maastricht compreso.

A proposito: vi rinfreschiamo la memoria, può essere utile, sui parametri di Maastricht: tasso d'inflazione entro l'1.5%; deficit pubblico inferiore al 3% in rapporto al prodotto interno lordo; debito pubblico inferiore al 60% sul medesimo PIL. Et voilà!

Secondo la Cgia di Mestre, nel 2016, soltanto 12 Paesi su 28 avrebbero rispettato i parametri di Maastricht. E tra essi non c'è l'Italia. Persino le ipotesi ventilate di uscita "legale" o "soft", ai sensi dell'articolo 50 del trattato di Lisbona, sono definite irrealistiche e sostanzialmente impraticabili.

Sempre dal punto di vista di questa corrente, diciamo così dell'"euro eternity" - finché morte non ci separi -, sarebbe stupido prima ancora che ingenuo anche soltanto immaginare ("Immagina. Puoi." Come dice George Clooney, in un famoso spot pubblicitario) di modificare o abrogare il trattato di Maastricht ma anche il Fiscal Compact e il MES. Tutta roba che, da quanto apprendiamo facendo la spesa al supermercato, ci ha rovinati.

Il Fiscal Compact, cioé "Patto di Bilancio", è un atto internazionale entrato in vigore il 1 gennaio 2013: "Trattato sulla stabilità, il coordinamento e la governance dell'Unione economica e monetaria". Fu siglato al vertice di Bruxelles del 9 dicembre 2011, dai capi di Stato e di governo di 25 Paesi dell'Unione Europea (su 27): le eccezioni furono Regno Unito e Repubblica Ceca. Il 17 aprile 2012 (235 sì, 11 no e 24 astensioni), con pronunciamento a maggioranza dei due terzi, trattandosi di modifica ex art. 139 della Costituzione (ed evitando con questi numeri il pericolo del referendum confermativo), è stato ratificato dal nostro Parlamento. E inserito nell'articolo 81 della Carta costituzionale italiana. In sintesi estrema, il Fiscal Compact impone lo 0,5% per il rapporto deficit-PIL . E il 60% per il rapporto debito-PIL.

Tradotto: uno Stato non può spendere per i propri cittadini più di quanto preleva loro in tasse. I detrattori, gridano un giorno sì e l'altro pure: tutto questo è una pietra tombale sulla crescita economica e sulla ripresa dell'occupazione in Italia. E tutti i torti non li hanno.

Non basta: l'Italia si è impegnata a dimezzare in un ventennio (aridaje) lo stock di debito pubblico, pagando 1000 miliardi complessivi, 50 annui. Con interessi che incidono per 80 miliardi all'anno. Sennò? Scatta la denuncia. Con annesse multe allo Stato trasgressore.

L'inserimento del pareggio di bilancio nella Costituzione è diventata, in questi anni di vigenza, una causa di crisi economica senza exit strategy.

Ritornando sull'argomento principale di questo capitolo, la domanda si ripropone in ogni talk più o meno urlato e rissaiolo che si rispetti (e anche no): una exit strategy che renda possibile tornare alle monete nazionali è possibile? Ed è possibile attuare questo ritorno, senza provocare uno tsunami devastante alla propria economia e società?

Nell'immediato un conto della serva facile da analizzare adesso lo abbiamo: la Gran Bretagna dovrebbe pagare per il proprio divorzio da Bruxelles quanto è «legalmente dovuto», non «semplicemente ciò che l'UE vuole». A tal punto che aleggia nientemeno che un contenzioso giudiziario. Ed è il ministro per la Brexit del governo May, David Davis, che spiega: «Prendiamo sul serio sia i nostri diritti sia i nostri obblighi». Davis utilizza una immagine indicativa: l'UE avrebbe avviato la partita della Brexit in modo «duro e ruvido». E' il Financial Times, notissimo quotidiano finanziario della City, a fare il conticino: **l'UE vuole 100 miliardi** di euro da Londra.

Prevediamo che il pagamento dei «debiti» britannici sarà uno dei nodi cruciali del negoziato sulla uscita del Regno Unito dall'UE, che – come già sostenevamo in Apocalyps€uro - scatteranno non prima delle elezioni britanniche dell'8 giugno.

Fino a questo punto, si era parlato di un «conto» sui 60 milioni di sterline. Ma ora i Paesi europei punterebbero a battere cassa con Londra: Francia e Germania, in primo luogo. Nel divorzio voleranno gli stracci sulla Brexit tra Londra e gli ex euroconiugi? Il sospetto è suffragato da segnali piuttosto inequivocabili.

Prendiamo a prestito una citazione, se permettete. Il titolare è il premio Nobel 2008 per l'Economia, Peter Krugman: "Adottando l'euro, l'Italia si è ridotta ad una nazione del Terzo Mondo che deve prendere in prestito una moneta straniera, con tutti i danni che ciò implica".

Se ci ripetiamo come un mantra le autorevoli parole di Krugman, ecco che non è difficile capire cosa sia accaduto, sul piano del comune sentire: dal 2012 ad oggi abbiamo assistito ad una perdita di consenso nei confronti dell'Unione Europea e dei suoi meccanismi di governance. Si tratta di movimenti politici o di opinione che, trasversalmente, attraversando tutte le nazioni europee, hanno prodotto un drastico abbassamento dell'indice di gradimento da un 40%, a precipitare fino all'attuale 20%. E si può fare ancora peggio.

Paesi come l'Italia, la Spagna, la Francia, la Grecia ed il Portogallo hanno risentito maggiormente di questo fenomeno preoccupante di **erosione del consenso.**

Fino a dare forma ad una vera e propria Euroidiosincrasia, un rifiuto plurimo (per motivazioni di fondo) e convergente della (odiosa) moneta unica, vista e vissuta come simbolo ustorio di una Europa insopportabile e tirannica.

La lettura di questa defaillance di consenso, secondo noi va imputata alle critiche che il contribuente europeo medio attribuisce a "questa" Unione Europea, ritenuta irriformabile e con un peso insopportabile. Una roba immonda, che c'è dove non dovrebbe e non c'è dove dovrebbe.

Il cittadino non ne può più della sola austerity. E percepisce come, sul fronte dell'immigrazione incontrollata, l'emergenza non sia affatto gestita e regolata con adeguate risorse e tempistiche. E, da ultimo, in molte nazioni europee inizia a manifestarsi un malcontento popolare diffuso e sempre più stratificato, che si lega alla perdita di sovranità in favore delle autorità sovranazionali europee, auspicando così una soluzione che sia in grado di **spezzare le catene istituzionali** che ci imprigionano. Provocando un vero massacro sociale, che ci sta impoverendo e ha di fatto cancellato il ceto medio.

Si è iniziato a parlare di exit strategy dall'euro dal 2012. E, successivamente, nel 2015. Quando il Ministro delle Finanze tedesco, il "falco" Wolfgang Schauble, parlò, più volte e con toni aggressivi ed infelici, su come potesse essere affrontata la vicenda "Grexit", cioè la fuoriuscita della Grecia dall'Unione Europea.

In quel 2012, per la prima volta, sono state messe in discussione la debolezza, vulnerabilità e instabilità dei debiti pubblici delle economie periferiche dell'Unione Europea. Iniziando a coniarsi numerosi appellativi per definire il rischio che una singola nazione europea potesse abbandonare l'Eurozona. Abbiamo perciò sentito parlare di Grexit, Brexit, Frexit, Nexit. E, da ultima, della citata Italexit. L'ipotesi di abbandono dell'Eurozona da parte di Grecia, Gran Bretagna, Francia, Olanda ed Italia è sul tappeto.

Per ora, siamo consapevoli che l'unica exit strategy dall'Unione Europea l'abbia presentata formalmente il Regno Unito, con la propria Brexit. Tuttavia, ad oggi, **non esiste alcuna casistica precisa** e popperianamente "falsificabile" sulla uscita dalla moneta unica europea.

Restiamo colpiti leggendo le esternazioni delle più importanti testate giornalistiche finanziarie mondiali, tipo l'Economist che, testualmente, sostiene come abbandonare la moneta unica sarebbe decisamente difficile, anche se non del tutto impossibile. O, peggio, il Financial Times che riporta a caratteri cubitali come ad oggi la Banca Centrale Europea non abbia ancora varato, ipotizzato e istituito una exit strategy plausibile. Per il conosciuto quotidiano inglese, questo rappresenterebbe il vero problema nella stabilità sistemica e strutturata dei mercati finanziari.

L'argomento ci porta dritti dritti ad entrare in un terreno inesplorato. Un luogo in cui i costi e benefici di una scelta di portata così epocale sono, ancora ad oggi, delle incognite assolute.

Abbiamo potuto analizzare il pensiero delle diverse correnti economiche che si fanno portavoce, ognuna nella propria bontà e validità. Quindi, tanto gli europeisti ortodossi quanto gli euroscettici sono convergenti in un punto comune: abbandonare la moneta unica può produrre, a tutti gli effetti, considerazioni che, prese ognuno in relazione al proprio scenario espositivo, non possono che essere validate ed avallate.

Tuttavia, mancando di fatto una casistica storica che ci

consenta l'analisi a consuntivo degli effetti di una scelta di questa portata, non possiamo fare altro che affidarci al destino, visto il grado di vulnerabilità che contraddistingue la moneta unica in questa fase del 2017.

La crisi dell'euro può essere riconducibile ad un paradosso giuridico. Torniamo dunque all'exit stretegy: possiamo uscire dall'Unione Europea grazie all'articolo 50 del Trattato di Lisbona, **ma non possiamo uscire** dalla moneta unica.

L'abbandono da parte di un Paese può avvenire solo mediante un atto solenne ed unilaterale da inoltrare alla Commissione ed al Parlamento Europeo. Possiamo vederlo pertanto, a mò di "finzione giuridica", come fosse un recesso unilaterale. Un recesso, in cui, contrattualmente, la possibilità di recesso non viene normata da entrambe le parti "ex ante". Un bel rebus, non c'è che dire.

Le considerazioni di maggior rilievo sulla debolezza strutturale della moneta unica possono essere ricondotte a Otmar Issing, Capo Economista della Banca Centrale Europea e tra i padri fondatori dell'euro, ascoltato consigliere personale di Angela Merkel durante il suo primo mandato. All'inizio di quest'anno Issing ci avverte che, in assenza di riforme interne, l'euro rischia il collasso finanziario. Rappresenta un errore di portata inimmaginabile non aver istituito una via formale e dettagliatamente normata di exit strategy. Al tempo stesso Issing descrive la moneta unica come una "house of cards" (come nella famosa serie tv Usa sugli intrighi del potere, in onda su Sky Atlantic e Netflix): un castello di carte pronto a collassare e venire giù ingloriosamente.

In questo, rappresenterebbe una presunzione assurda e illogica il solo immaginare di rimanere membri per l'eternità dell'Eurozona. Per rappresentare, con una brutale ed efficace analogia, l'outlook dello scenario finanziario che allo stato attuale caratterizza la moneta unica, possiamo volgere lo sguardo ad Alcatraz, ossia l'isola ubicata a due km dalla terraferma nella Baia di San Francisco, famosa per l'omonimo carcere di massima sicurezza, i cui carcerati erano perfettamente consapevoli di come una fuga da Alcatraz si sarebbe tradotta nella loro morte certa. E questa constatazione costituiva un efficace deterrente ad ogni velleità di fuga.

Per noi oggi l'euro deve essere concepito **proprio come la prigione di Alcatraz**: con la sottesa consapevolezza che uscirne, in assenza di una procedura ordinata e disciplinante, produrrebbe shock finanziari e terremoti economico-politico-sociali di portata epocale. Non solo a carico del Paese che vorrà intraprendere questo percorso, ma, a cascata su tutti gli altri che dovranno subirne l'impatto.

Emerge tuttavia a nostro favore, o meglio a favore di tutti i contribuenti europei che sognano e desiderano rompere le catene della moneta unica, come proprio l'euro non sia ormai più considerato un progetto irreversibile. E questo accade al di là dei moniti ricorrenti come una giaculatoria del governatore della Banca Centrale, Mario Draghi. Che vorrebbe convincerci del contrario.

Si richiama una potenziale irreversibilità citando il caso della Cecoslovacchia, anno 1993, caratterizzata da una scissione interna che portò alla nascita della Repubblica Ceca e della Repubblica Slovacca.

Per cinque settimane la corona cecoslovacca continuò ad esistere, quale divisa di riferimento per tutti e due i nuovi Paesi. Che nel frattempo diedero vita alla corona ceca ed alla corona slovacca, poi successivamente abbandonata nel 2009 in favore proprio dell'euro. Una delle tesi più accreditate e diffuse tra gli economisti è quella del **G-Euro**, ovverosia Greek Euro, quindi l'euro per la Grecia. Al momento attuale, la Grecia è la nazione europea che ha la maggior probabilità di uscire dall'euro, a fronte di una manovra di salvataggio in più round concertata e pilotata proprio con le autorità sovranazionali europee.

Ricordiamo e prevediamo che, dopo essere stranamente sparita dalla main agenda dei media, in questa estate del 2017 la Grecia ritornerà in auge sulle prime pagine di tutti i giornali e nelle tv per il presumibile terzo bail out. Ovvero, il terzo tentativo di salvataggio dei conti pubblici greci a fronte di ulteriori prestiti salva banche e salva stato che verranno concessi dal Fondo Monetario e dalla Banca Centrale Europea.

Dal 2009 il PIL della Grecia è crollato di quasi il 40 %. E la disoccupazione è ormai vicina al 50 %. Stiamo parlando della peggiore performance di sempre per un'economia di un Paese occidentale, che ormai ha un debito - rapportato al PIL - di oltre il 180%. Un rapporto considerato insostenibile a fronte dello stato di salute dell'economia greca.

Il G-Euro rappresenta una soluzione proposta dal Capo Economista della Deutsche Bank, Thomas Mayer per consentire alla Grecia di uscire ordinatamente e senza scossoni dall'euro, dando la possibilità di mantenere l'euro esclusivamente per le relazioni internazionali già in essere. Offrendo la possibilità al governo greco di stampare una seconda divisa, appunto il G-Euro, allo scopo dichiarato di svalutare l'economia e la competitività greca, resa impossibile proprio per la forza straordinaria dell'euro. Consentendo al Paese ellenico di rinvigorirsi e risanarsi con l'aspettativa di rientrare successivamente negli anni a venire.

L'ipotesi è stata avallata dalla stessa frau Angela Merkel, consapevole che una Europa a due velocità non possa essere considerata un'ipotesi ma, probabilmente, l'unica "soluzione finale" per salvare capra e cavoli.

Che esistano da anni ipotesi di salvataggio o piani di uscita pilotata ed ordinata dalla moneta unica, lo deduciamo dal 2013 in forza dell'istituzione del MES e del Fondo Salva Stati ed all'introduzione delle cosidette "CAC". Sono le **clausole di azione collettiva,** per permettere ad uno Stato dell'Eurozona di ristrutturare il proprio debito pubblico. In termini di durata, remissione e tasso di interesse. Oppure di cambiare la valuta di denominazione di questo debito, se - e soltanto se - riceva il previo e necessario consenso di almeno il 75% dei suoi creditori.

Le CAC (conveniamo che l'acronimo non sia il massimo e si presti a doppi sensi) rappresentano uno strumento per scongiurare impatti negativi sui mercati finanziari, come quelli obbligazionari, qualora un Paese decida, con un atto unilaterale, di abbandonare la moneta unica e di ridenominare il proprio debito con una NCC (New Currency Country). Ovviamente - ci arrendiamo perché sappiamo resistere a tutto ma non ad una battuta - per non finire nella CAC.

5

Trumponomics

L'8 Novembre del 2016 Donald Trump diventa il 45°
Presidente degli Stati Uniti d'America. Si è trattato
della elezione dell'uomo più potente del pianeta
all'insaputa" dei tradizionali potentati mediali, tutti
rigorosamente schierati con la rivale Hillay Clinton.
Da quando "the Donald" si è insediato alla Casa Bianca,
il 20 gennaio 2017, tv e giornali di tutto il mondo hanno
continuato a s-parlare di lui.
"Giuro solennemente che eseguirò con fedeltà
l'incarico di Presidente degli Stati Uniti. Con le mie
migliori capacità difenderò la loro Costituzione. Dio,
aiutami a far questo" scandiva Trump, in quella storica
giornata, davanti alla folla radunata davanti alla
scalinata di Capitol Hill.
Con il magnate gli States, insieme al mondo, voltano
pagina. In modo radicale, sempre se Trump terrà fede
al programma in campagna elettorale. Il tycoon ha
puntato subito alla pancia vuota del Grande Paese.
Sbaragliando prima l'establishment del Partito

Repubblicano in fase di primarie. E imponendosi, a novembre, sulla candidata democratica Clinton. Peraltro Trump non ha perso tempo: dal giorno del suo insediamento sta tentando di dare forma a quello che aveva promesso agli americani.

L'ascesa di Trump è stata del tutto imprevista e sgradita, sia all'establishment Usa, quanto al mainstream mediatico globalizzato. Si è pertanto prodotta una faglia, una frattura epocale, specie con la precedente amministrazione Obama, di marchio democratico.

Il trionfo inopinato di Trump segna sul piano sociologico l'emancipazione della "silent majority", la maggioranza silenziosa del Paese stelle e strisce. Gli americani che negli anni di Obama hanno subito un progressivo deterioramento economico e sociale, coinciso con la globalizzazione più selvaggia.

Trump ha chiamato a raccolta questi cittadini al grido: "Make America great again". Tradotto: "Rifacciamo l'America grande come era una volta". La storia e l'orgoglio.

Il programma economico possiamo sintetizzarlo in tre linee interventiste: riforma fiscale per le imprese e i contribuenti; revisione dei trattati commerciali; programma di aumento della spesa pubblica e di robusto potenziamento della difesa militare, a tal segno che si parla esplicitamente (e anche qui con l'intento di criticarlo) di "riarmo".

Sin dall'inizio i mercati azionari hanno manifestato un'euforia, direi quasi irrazionale, tanto da portare il 25 gennaio di quest'anno i due indici azionari principali, il Dow Jones e lo S&P500, ai massimi storici assoluti, dopo un rally di oltre dieci punti percentuali dalla vittoria di Trump sulla Clinton.

La visione che ha Trump dell'economia in genere ha

una connotazione prettamente dirigista. Con questo termine si suole indicare una determinata politica economica, definita, appunto, il dirigismo, attraverso il quale un governo esercita una forte influenza su alcuni settori produttivi, tramite un sistema di incentivi o penali, che indirizzano l'economia nazionale verso quello che viene riconosciuto essere come il bene e l'interesse generale per l'intera nazione.

Per comprendere l'approccio dirigista di Trump dobbiamo renderci conto di alcune tipicità che oggi hanno gli Stati Uniti d'America con un cosiddetto deficit commerciale di oltre 800 miliardi di dollari, suddiviso in 500 miliardi con la Cina ed oltre 300 con il Messico. Vale a dire che gli Stati Uniti importano più beni da questi Paesi di quanti riescano a venderne. "Assumi americano e compra americano" rappresentano i due grandi temi con cui si è aperto il discorso di insediamento del Presidente Trump, il 20 gennaio di quest'anno, facendo ben comprendere come la volontà del nuovo Presidente sia quella di punire le società americane che si siano precedentemente delocalizzate, e quindi abbiano spostato posti di lavoro al di fuori dei confini nazionali, impoverendo il tessuto sociale, indebolendo l'infrastruttura economica del Paese e creando, invece, le condizioni per un aumento della competitività dei Paesi suddetti.

Torniamo agli archi di volta del programma che ha condotto Trump alla Casa Bianca con la sua bella Melania: i 7 key points (ovvero, i punti chiave) sono questi: jobs, (lavoro); tax policy (politica fiscale); immigration (immigrazione); free trade (libero mercato); politica estera; monetary policy (politica monetaria) e, al settimo punto, l'energia.

Il nostro nuovo pamphlet non ha e non si arroga la presunzione di approfondire in modo esaustivo questi vari punti, sarebbe irrealistico. Ma vogliamo esaminarli nella loro generalità, poiché con essi cambia lo scenario europeo, quindi anche il nostro.

L'andamento e le dinamiche economiche che si palesano negli Stati Uniti d'America, a fronte della nuova guida Trump, impattano ed impatteranno significativamente sui mercati europei e sulle aree emergenti.

La politica di Trump, nei primi controversi cento giorni dall'insediamento, è stata battezzata la Trumponomics.

Proviamo ad analizzare le varie voci elencate per comprenderne le principali conseguenze e ricadute pratiche.

Donald Trump vuole essere ricordato come il più grande Presidente americano, per la sua capacità di aver generato posti di lavoro più di chiunque altro.

Nel dettaglio, la sua ambizione è quella di creare 25 milioni di posti di lavoro in dieci anni, potendo spingere la propulsione di crescita degli Stati Uniti d'America a tassi del 4% all'anno. Per raggiungere questo ambizioso risultato Trump è chiamato a creare le condizioni perché il mercato dei consumi interno riprenda vigore e smalto e quindi si rafforzi.

Da una parte ci sarà il contributo ed impulso che darà il governo federale, con un programma rilevante di investimenti in opere infrastrutturali per oltre un trilione di dollari (mille miliardi), soprattutto per il rifacimento di strade, nella logistica dei trasporti e nel potenziamento della difesa (il temuto riarmo, appunto).

Per creare nuovi posti di lavoro, Trump metterà a disposizione del Paese la sua stessa esperienza come businessman ed imprenditore di successo. Rendendosi conto che "business create jobs", come egli stesso ha affermato in più occasioni, cioè a dire: "il mondo dell'impresa crea posti di lavoro e non il governo".

Proprio con questa affermazione rientriamo nel secondo punto programmatico, quello della tassazione delle imprese e della tassazione delle persone fisiche.

La proposta di abbassare la corporate tax per le small-medium enterprise, ossia per le piccole e medie imprese statunitensi dal 35 al 15 %, dovrebbe rendere molto profittevole e attraente il fare impresa negli Stati Uniti.

In aggiunta, ci sarà anche la semplificazione e la detassazione del contribuente americano: tutto questo apparato riformatore sul versante fiscale è stato presentato in pompa magna da Steven Mnuchin, Segretario del Tesoro, nella conferenza stampa alla Casa Bianca del 27 aprile. Dove è stata enfatizzata la US Tax Reform dell'Amministrazione di Trump, definita "il più grande taglio di imposte mai realizzato nella storia americana".

Oggidì, la tassazione del reddito di Homer Simpson o Peter Griffin è parametrato a sette scaglioni progressivi, cui coincidono sette aliquote diverse. La più bassa è al 10 %, la più elevata è al 40 % per i redditi superiori a 415.000 dollari.

Il nuovo assetto fiscale "semplificato" di Trump, prevede tre nuovi scaglioni con tre nuove aliquote. La più bassa sarà al 12 %. Fino a 37.500 dollari. La seconda, chiamiamola intermedia, al 25 %, fino a 190.000 dollari. E l'ultima al 33 % a partire da 415.000 dollari.

Si stima che, tanto il contribuente americano, quanto la piccola impresa, possano beneficiare di un maggior reddito netto disponibile da spendere per consumi o investimenti.

Il terzo punto chiave della politica economica della Trumponomics si occupa dell'immigrazione: affermando di bandire quella clandestina, di eliminare il diritto di cittadinanza per nascita e puntando a realizzare un rigoroso piano di gestione dei flussi immigratori, che migliori la sicurezza degli americani.

In questa direzione debbono essere eletti i bandi nei confronti degli ingressi dei cittadini di alcuni Paesi islamici durante i primi cento giorni di mandato.

Al quarto punto troviamo il free trade, cioè il libero commercio internazionale in cui Trump ha richiamato, in più occasioni, la revisione del WTO, del TTIP e del TPP. Gli ultimi due sono accordi internazionali per il libero scambio vagliati dall'Amministrazione di Obama. Che, nei primi cento giorni di Governo Trump, sono stati rigettati.

Nella sua travolgente campagna elettorale, Donald Trump ha spesso utilizzato questo motto: "smart trade and not stupid trade". Tradotto: "Creiamo le condizioni per un commercio intelligente e non deleterio come abbiamo, sino ad oggi, consentito". Questo richiama la ridefinizione delle relazioni commerciali con la Cina ed il Messico, con la proposta di introdurre una tassazione sulle importazioni provenienti dalla Cina con un'aliquota del 45%, tesa a scoraggiare l'acquisto di tale merce da parte di contribuenti o di consumatori statunitensi. Finché la Cina non smetterà di manipolare artificiosamente la propria valuta, cioè il rapporto di cambio tra dollaro e yuan, cessando nell'opera di dumping commerciale. E finché Pechino non implementerà dei programmi seri, credibili e concreti di tutela per la salute, l'ambiente e la sicurezza sul lavoro dei propri cittadini. E, infine, sinché non garantirà la tutela della proprietà intellettuale.

I dazi che Trump vuole istituire con la sua Trumponomics puntano a bilanciare e riallineare i meccanismi di concorrenza tra i Paesi, nel momento in cui uno di essi, come la Cina, abbia usufruito e danneggiato profondamente, con gli accordi del WTO, proprio gli interessi degli Stati Uniti d'America e il suo mercato del lavoro.

Di questo depauperamento, "the silent majority", sempre quella maggioranza silenziosa, si era accorta negli anni precedenti – nel doppio mandato di Barack Obama, dichiaratamente pro-globalizzazione - ma senza trovare rappresentanza politica alle proprie ansie, angosce e paure sul futuro.

Vediamo ora Trump in politica estera, terreno in cui Donald sta incontrando molte e serie difficoltà, legate e prodotte da uno scenario in rapida involuzione. Uno dei primi diktat dall'insediamento di Trump è stato questo: "Basta Stati Uniti guardiani del mondo".

Finisce un'era in cui, tramite la NATO, gli Stati Uniti si facevano garanti della pace mondiale. Per questo motivo sono in gestazione i rapporti che regolano e governano la NATO e la volontà, da parte di Trump, di rinegoziare un riavvicinamento con la Russia, considerato deleterio dal comportamento della precedente Amministrazione.

"Con il primo ministro italiano abbiamo scherzato" diceva Trump a margine dell'incontro bilaterale del 24 aprile 2017 alla Casa Bianca con il nostro premier Paolo Gentiloni. Cosa intendeva lo "scherzoso" Trump? "Forza – gli avrebbe detto il presidente americano - dovete pagare, dovete pagare".

E all'indomani sempre Trump aveva sentenziato: "L'Italia pagherà i propri contributi al bilancio della Nato". Trump aveva aggiunto che "prima di me nessuno glielo aveva chiesto. Nessuno. Nessuno gli aveva chiesto di pagare. Questo è quello che intendo quando dico che la mia è un tipo di presidenza diversa dalle altre".

Gentiloni – non avevamo dubbi in proposito - gli avrebbe garantito un maggior impegno dell'Italia nel far fronte alle spese belliche per difendere i Paesi che fanno parte dell'Alleanza Atlantica. Impegno che andrebbe a migliorare i bilanci - in profondo rosso - della Nato.

In varie interviste concesse dopo il vertice con Gentiloni, Trump ci ha tenuto a ribadire che la Nato, per come è considerata, è obsoleta, perché "non combatte il terrorismo" e poi perché i Paesi membri non pagano il dovuto (appunto, i soliti furbetti dell'alleanzina).

Ma Trump ha spiazzato tutti dando il via al bombardamento americano in Siria, il primo diretto degli Stati Uniti al regime di Bashar al Assad. Un attacco considerato impensabile, alla luce delle passate posizioni del presidente americano sulla Siria e del suo rapporto con Putin.

Facciamo un breve riepilogo. Nella notte tra giovedì 6 e venerdì 7 aprile 2017, gli Usa hanno lanciato 59 missili Tomahawk contro la base aeronautica militare siriana di Shayrat, a sud-est di Homs. Un attacco deciso unilateralmente da Trump senza l'autorizzazione del Congresso americano. Bilancio: distrutti alcuni aerei militari del regime siriano di Bashar al Assad, uccise sei persone.

Domanda: è l'effetto di ritorno del "gendarme del mondo"? Ma Trump non aveva promesso di porre "America First"? Che significati riveste questo stravagante attacco? Troppo repentina risulta la conversione di Donald, da isolazionista supernazionalista a neogendarme planetario!

Trump ha chiarito che la rappresaglia missilistica sarebbe stata "nell'interesse nazionale degli Stati Uniti" e che la ragione era di punire chi si era macchiato di "orribili crimini". Cioè Assad e i suoi (presunti) gas contro i bambini.

Immagini sconvolgenti, quelle dell'orrore inaccettabile, a causa del nuovo bombardamento in Siria. Che ha avuto il volto di poveri bambini colpiti anche negli ospedali dove erano stati ricoverati. Il raid aereo con 'gas tossici' sarebbe stato lanciato il 4 aprile scorso contro Khan Sheikhun, città nella provincia nord-occidentale di Idlib, sotto il controllo dei ribelli anti-Assad. Bilancio, almeno 72 morti, tra cui – sosteneva l'Osservatorio siriano per i diritti umani - almeno venti bambini e diciassette donne. Ma Assad non ha mai accettato che gli venisse attribuita questa ignominia, stranezza su stranezza.

Morale? Di fatto, dopo avere predicato la religione del neo-isolazionismo anche Trump torna a recitare la parte del "gendarme del mondo" che muove per fermare o per punire chi viola sfacciatamente i minimi standard delle norme internazionali, come già Clinton fece in Serbia e Bush pretese di fare in Iraq, contro il "macellaio di Bagdad" Saddam e il suo inesistente arsenale chimico e nucleare. Trump, contrario a un coinvolgimento degli Stati Uniti nella guerra siriana, si sarebbe contraddetto? Il 5 aprile, Trump spiegava la motivazione: «Quell'attacco contro i bambini ha avuto un grande impatto su di me. È stato orribile. Non c'è molto di peggio. Quello che è successo ieri è inaccettabile per me».

Ma Trump si era detto contrario ad ogni intervento Usa anche dopo l'attacco con il gas sarin da parte del regime siriano contro alcuni quartieri di Damasco nell'agosto 2013: rimasero uccise oltre 1.400 persone. E Obama aveva considerato l'opzione di un intervento militare contro Assad.

Trump sembra arciconvinto del bisogno di collaborare con Assad e con la Russia, paese alleato del regime siriano, con cui i rapporti bilaterali si sono deteriorati durante l'amministrazione Obama. Dopo l'attacco, la Russia ha chiesto e ottenuto una riunione di emergenza del Consiglio di Sicurezza dell'ONU, annunciando di avere sospeso la sua linea di comunicazione con gli americani istituita per evitare incidenti tra i due paesi nello spazio aereo siriano.

Tuttavia, l'amministrazione Trump aveva avvisato in anticipo il governo russo dell'attacco. Che, lo possiamo dire, ha avuto conseguenze limitate su Assad.

Tuttavia, rimane il pericolo che un'azione militare imprudente nell'area siriana possa provocare conseguenze catastrofiche.

Non basta: il 13 aprile 2017 gli Stati Uniti hanno sganciato, per la prima volta, la più potente bomba non nucleare. Obiettivo: un sistema di tunnel dell'Isis in Afghanistan.

Un MC-130 ha rilasciato una Gbu-43 MOAB, cioè "massive ordnance air blast bomb", con dentro, stipate, ben 11 tonnellate di esplosivo. Per colpire i tunnel dell'Isis e i miliziani nel distretto di Achin, provincia di Nangarhar, vicino al confine con il Pakistan. Provocando la morte di molti militanti dello Stato Islamico, fra cui il fratello di un importante leader del gruppo terrorista.

A Washington, Trump ha espresso la sua soddisfazione: "Un'altra missione di successo, sono molto orgoglioso dei nostri militari". Anche per la superbomba, ha aggiunto il presidente, i militari avevano la sua "totale autorizzazione".

Alla domanda se la bomba, oltre a colpire l'Isis, rappresenti anche un avvertimento alla Corea del Nord se Pyongyang prosegue la sua corsa ad armarsi col nucleare, Trump risponde: "Non fa differenza. La Corea del Nord rappresenta un problema di cui ci occuperemo presto".

Intanto proprio la Corea del Nord accusa gli "imperialisti americani di procedere in modo sconsiderato verso una guerra nucleare nella penisola coreana". Perché gli Usa "hanno fatto sorvolare dei bombardieri strategici B-1B sui principali obiettivi della Corea del Nord".

La tensione con Pyongyang è alle stelle: "L'esercito nordcoreano - aggiunge l'agenzia statale nordcoreana - sta osservando attentamente i movimenti militari degli imperialisti americani, ed è pronto a reagire in ogni modo".

I bombardieri strategici americani B-1B volano sulla penisola coreana in esercitazioni congiunte con la Corea del Sud e il Giappone. Mentre la Cina chiede "la sospensione immediata" del dispiego dello scudo anti-missile americano Thaad in Corea del Sud, cioè quel dispositivo voluto da Washington e Seul per contrastare le ambizioni belliche di Pyongyang. Pechino è da sempre contraria all'installazione del Thaad, temendo l'intromissione del dispositivo nel suo apparato di Difesa. E paventando che il potente radar possa menomare l'efficacia dei suoi sistemi balistici. Infine, la stessa Casa Bianca spiega che "al momento" non ci sarebbero le condizioni per un incontro tra il presidente Donald Trump e il leader nordcoreano Kim Jong Un, ipotizzato dallo stesso Trump. Che si è detto onorato di incontrare il leader di Pyongyang, alle giuste condizioni.

Un quadro quello nordcoreano molto complesso e potenzialmente nefasto, di destabilizzazione e vera preoccupazione in prospettiva futura. Peraltro, imprevedibile.

Chiudiamo con gli ultimi due aspetti: la politica monetaria e la politica energetica. Molto contestate dal precedente establishment statunitense, in quanto

Trump ha già avuto modo di scontrarsi con il Governatore della Federal Reserve statunitense facendo comprendere come una politica di bassi tassi, come quella voluta da Janet Yellen, sia deleteria per il mercato. Ed abbia creato le condizioni per il formarsi di una bolla finanziaria e speculativa sui titoli di stato statunitensi.

La politica energetica mette profondamente in discussione l'accordo di Parigi COP21 del 2015, in cui le economie avanzate si erano impegnate ad abbassare i propri livelli di emissione di CO_2 per contenere il riscaldamento globale entro i successivi 50 anni.

Ma secondo Trump il global warming è un'invenzione concepita per consentire alla Cina di acquisire una posizione dominante nella produzione di energia da fonti fossili a scapito di quella statunitense.

E' questo il motivo per cui, nell'agenda trumpiana, ci sono in evidenza il dare supporto a tutta l'industria carbonifera e mineraria statunitense confidando in una loro solida ripresa.

Concludendo. Donald Trump alla Casa Bianca rappresenta l'inizio di una nuova era economica, in cui la politica fiscale sostituirà la politica monetaria e la globalizzazione lascerà il passo al nazionalismo competitivo, con limiti e restrizioni ai trasferimenti di capitali, merci e persone.

In campagna elettorale Trump lo ha rivendicato a ogni piè sospinto: aumentare e migliorare lo standard di vita della classe media, riuscendo ad aumentarne i redditi netti, con la crescita di salari che sono al palo da troppi anni.

Con la Trumponomics entriamo in un terzo regime economico, che eredita l'assetto di governo mondiale successivo alla fine della seconda guerra mondiale e l'ordine economico che si è venuto ad instaurare con gli accordi di Bretton Woods. Consideriamo a riguardo che l'impostazione keynesiana della politica economica a livello mondiale produsse un costante aumento della produttività sul lavoro. Consentì di finanziare opere pubbliche ed infrastrutture strategiche nelle economie avanzate, permettendo la sostenibilità finanziaria dei primi ammortizzatori sociali e la redistribuzione del reddito. Questo permise l'abbassamento della disparità sociale.

Un approccio di politica economica protrattosi fino agli inizi degli anni Settanta, quando shock di natura economica - come la crisi petrolifera e l'abbandono del gold standard da parte degli Stati Uniti - obbligarono ad intraprendere un modello di sviluppo dell'economia non più basato sulla mano pubblica.

Nascono così, negli anni Ottanta, i Chicago Boys, la scuola di pensiero riconducibile al suo ideatore, il Premio Nobel Milton Friedman, che propose come lo Stato si doveva ritirare il più possibile dai settori economici che controllava, lasciando la libertà ai privati di esprimere il proprio potenziale, per aumentare la spinta propulsiva alla crescita in aggregato.

Lo scarso controllo delle economie da parte dello Stato produsse volutamente la liberalizzazione dei mercati, soprattutto quelli finanziari. Dando l'avvio ai programmi di privatizzazione "selvaggia". Negli atenei universitari questa processo storico viene studiato e descritto come il cosiddetto "Modello Thatcheriano e Reaganiano". In quegli anni, a governare il Regno Unito e gli Stati Uniti c'erano proprio Margareth Thatcher e Ronald Reagan, i due Primi Ministri che abbracciarono le prime fasi del processo globalizzante che consentì di aumentare ed accelerare la crescita economica mondiale. Ma, al tempo stesso, amplificò le disparità e le disuguaglianze sociali tramite l'innescarsi di veri e propri boom economici, sino alla crisi del 2008/2010.

E' questa la terza fase in cui arriva Donald Trump. Una fase della storia del capitalismo moderno che potremmo ribattezzare come moderno mercantilismo. Una politica economica che fu molto in voga in Europa durante il XVII secolo, rapportando la potenza di un'area geografica o di una nazione alla prevalenza delle esportazioni sulle importazioni. Ciò che oggi chiamiamo il surplus o il deficit commerciale.

Il mercantilismo produsse la spinta alle specializzazioni economiche naturali da parte degli Stati che si arricchirono in base alla connotazione agricola, manifatturiera o commerciale della stessa nazione.

Il moderno mercantilismo di Trump nasce dalla constatazione che la politica monetaria non basta più ad incentivare e promuovere la crescita economica. Abbiamo affrontato nel primo capitolo gli effetti contenuti del QE che ha stabilizzato i mercati, anestetizzandoli e stordendoli. E come se non bastasse, creando le condizioni per nuove bolle finanziarie ed una possibile depressione mondiale di portata epocale a cui non vi sarà via d'uscita a causa dell'esaurimento degli strumenti di politica monetaria convenzionale da parte delle banche centrali.

Non basta più avere i tassi bassi per incentivare l'attività economica, si devono creare condizioni per aumentare la redditività netta disponibile conseguente ad esempio ad un abbassamento dei prelievi fiscali. C'è la necessità di modificare quello che è stato definito il paradigma economico mondiale, basato su una globalizzazione-nuova-divinità. A favore di una politica fiscale che aumenti il reddito netto disponibile e favorisca gli investimenti privati.

A questo si dovrà aggiungere il ruolo di attore da "Dio

dell'alto dei cieli" del governo federale degli States, che potenzierà la propria infrastruttura economica, grazie ad un programma ambizioso di opere pubbliche per oltre 1000 miliardi, spalmato in dieci anni.

Non si tratta più solo di crescita e disoccupazione, come ci aveva abituato il governo di Barack Obama, ma di equità sociale e di identità nazionale e, in questo senso, devono essere ricondotti il malumore ed il malessere statunitense nei confronti della concorrenza sleale, che produce la globalizzazione e l'immigrazione selvaggia, sempre favorita invece dal Partito Democratico.

Lo scopo che si prefigge Trump è di condizionare il movimento dei lavoratori e dei capitali creando le condizioni per rafforzare l'economia statunitense nei confronti dei principali Paesi con cui deve competere, Paesi che sino ad oggi hanno potuto crescere e beneficiare di miglioramenti, anche in ambito socio-economico, proprio a fronte della mancanza di protezione voluta negli Stati Uniti a discapito del proprio tessuto imprenditoriale e sociale.

E questa è la motivazione principale che ha portato a vincere contro Hillary Clinton. Ma per conoscere tutti gli effetti della "Trumponomics" bisognerà attendere ben oltre i primi cento giorni.

Si potrebbe creare infatti un effetto boomerang se Trump ridimensioni le sue aspettative ed istanze, soprattutto a causa di una debolezza in seno allo stesso Partito Repubblicano.

Per questa ragione nascono e trovano fondamento le contestazioni al programma di politica economica della Trumponomics, nella consapevolezza che tali punti programmatici ossia tagli fiscali ed aumento della spesa pubblica rappresentano invece i tipici rimedi da implementare quando un'economia si trova in stagnazione e con una disoccupazione prolungata.

Gli Stati Uniti risultano essere il Paese economicamente più in buona salute con i tassi di disoccupazione tra i più bassi in assoluto negli ultimi vent'anni. Dovrebbero piuttosto essere implementate politiche di sviluppo in determinate aree rurali ed aree industriali svantaggiate, potenziando chirurgicamente solo determinate infrastrutture. Senza un aumento della spesa pubblica di mille miliardi. Ma con una spesa mirata.

I rischi, infatti, sono quelli di un'inflazione moderatamente elevata, che obbligherebbe l'autorità monetaria americana a rialzare i tassi con una dinamica ed una tempistica completamente diversa da quella annunciata. Un violento rialzo dei tassi avrebbe delle ripercussioni deleterie per tutta l'economia mondiale e produrrebbe un rafforzamento del dollaro, con possibile rischio di recessione a causa di una moneta troppo forte.

Chi contesta il programma ambizioso di Trump sottolinea come pensare di crescere al 4% con gli strumenti propagandati e le condizioni di salute dell'economia statunitense sia ampiamente sconsiderato e, soprattutto, improbabile.

Altri contestatori sostengono che la perdita di competitività e di posti di lavoro degli Stati Uniti non sia attribuibile solo alla globalizzazione o alle delocalizzazioni selvagge, bensì ai miglioramenti tecnologici che hanno impattato su mestieri e professioni che si sono fatte trovare impreparate.

Ma infine, non possiamo dimenticare l'analogia con Ronald Reagan: in più occasioni la stampa e la critica internazionale hanno provato a battezzare Donald Trump come il nuovo Reagan. E' credibile questa affermazione?

Reagan si insediò nei primi anni Ottanta. Da allora le

condizioni degli Stati Uniti d'America erano profondamente diverse. La crescita reale del PIL, negativa nel caso di Reagan; positiva, con quasi un due punti percentuali con Trump. Un'inflazione a 10 punti con Reagan e ad una soglia inferiore ai 2 punti con Trump. Un rapporto debito sul PIL, che avevano gli Stati Uniti di Reagan del 30% contro il 110% di Donald Trump. Una disoccupazione all'8% contro una al 4% ed infine, un livello di tassi medi del 18% contro neanche un punto percentuale con l'America di Donald Trump.

La medicina che Trump vuole proporre per l'America potrebbe essere inadatta. Potrebbe produrre un riscaldamento dell'economia che, nel breve termine, produrrebbe il cosiddetto boost effect, un'accelerazione in poco tempo che si esaurirebbe creando le condizioni per prima una recessione che potrebbe trasformarsi in depressione.

Con effetti collaterali esattamente opposti a quelli attesi: aumento della disoccupazione, rallentamento della crescita economica e incapacità della Federal Reserve nel saper controllare e gestire questa fase di nuova debolezza congiunturale da parte degli Stati Uniti d'America.

Nel 2017 vedremo se Trump sarà obbligato a fare marcia indietro su punti chiave della sua politica. O se le implementazioni dell'intero programma produrranno le conseguenze nefaste che la stampa controcorrente gli attribuisce, qualora vadano pericolosamente a modificare le condizioni del libero commercio mondiale, con la perturbazione degli equilibri geo-economici mondiali che regolano il libero commercio.

6

Cina, sorvegliato speciale

Se volete lo possiamo sottoscrivere, senza tema di smentita. Il 2017 sarà un anno veramente fondamentale per il colosso cinese. Il fatto è che la Cina si trova davanti ad uno snodo cruciale del suo cammino di trasformazione. Potremmo spingerci a parlare di una vera e propria mutazione genetica in corso.

Dopo oltre tre decenni di crescita interrotta e all'apparenza inarrestabile, il gigante cinese tocca ora un momento critico del suo sviluppo economico e sociale. E noi non possiamo esserne spettatori neutrali, distratti o assenti.

Le riforme varate lungo gli ultimi tre decenni che ci lasciamo alle spalle, stanno progressivamente esaurendo la propria spinta propulsiva, come nella lunga inerzia di un imponente convoglio ferroviario in cerca della sua stazione.

Adesso, urge qualcos'altro, per stare al passo: gli squilibri sociali, economici, ambientali, che si sono venuti a formare quali conseguenze dirette ed indirette dell'enorme sviluppo industriale e demografico, richiedono la ridefinizione del modello di sviluppo per i prossimi decenni.

E del resto, l'evoluzione di questo scenario era preventivabile se è vero, come è storicamente vero, che chi ha inventato la nave ha inventato il naufragio.

La Cina costituisce per il globo un originale modello di capitalismo di Stato, una sorta di "ircocervo" dunque, in cui da un lato vi è la fondamentale presenza della proprietà pubblica in settori strategici. Energia, infrastrutture, telecomunicazioni e trasporti, per fare alcuni esempi. E questa presenza statalista e dirigista ("comunista alla cinese") si sposa e trova bilanciamento nell'assecondare e invogliare la manifestazione degli "animal spirit" turbo-capitalisti, con una ridda di iniziative affidate al libero arbitrio del libero mercato, compresa una forte deregulation in ambito lavorativo e sindacale. Nell'intento di promuovere la crescita complessiva del Paese e la competitività del suo sistema produttivo.

Dicevamo, il 2017 è e sarà un anno determinante per capire il grado di evoluzione che avrà questo smisurato e sovrappopolato Paese, a fronte dell'appuntamento politico più importante – un passaggio che si verifica ogni cinque anni - cioè il mega Congresso del Partito Comunista, in calendario per ottobre 2017. Questa è il diciannovesimo congresso del PCC, fondato nel luglio 1921 e le cui origini primigenie si possono rintracciare nelle speranze ed aneliti di giustizia sociale ed equità economica suscitate in Cina dalla Rivoluzione d'ottobre in Russia. Dal '21 al '49 il PCC ha guidato i cinesi, abbattendo imperialismo e feudalesimo e fondando la Repubblica Popolare Cinese. Macchia indelebile sul PCC, la Rivoluzione culturale, uno dei periodi più oscuri della lunga storia cinese. Lanciata da Mao Zedong nell'ultimo decennio del suo potere, tra il 1966 e il 1976, la rivoluzione culturale portò catastroficamente alla epurazione con ogni mezzo – anche di brutale violenza fisica - di milioni di persone, colpevoli di appartenenza all'apparato burocratico, scolastico ed universitario e in qualche modo riconducibili a una forma di autorità. Il tutto, nel nome di una grande rivolta culturale e proletaria, che doveva spazzare via chi – anche dall'interno del PCC – avrebbe puntato a minare la mutazione della Cina in senso socialista. Insomma, il pretesto di questo massacro fu il rafforzamento delle radici della rivoluzione.

Il PCC conta oltre 82 milioni di iscritti. Si definisce l'avanguardia della classe operaia, del popolo e della nazione cinesi ed ha al primo punto del suo programma la realizzazione del Comunismo.

Il 19esimo congresso del PCC è un appuntamento delicato: il Presidente, Xi Jinping, vorrebbe infatti consolidare il controllo su tutti i gangli del potere. In un contesto in cui la Cina arranca con il fiato grosso: riforme economiche e politiche ristagnano pericolosamente. Xi vorrebbe inoltre nominare propri uomini di fiducia in ruoli chiave per la riuscita della sua agenda politica, definita dai sinologi molto ambiziosa.

Xi Jinping è stato nominato Presidente nel 2012 e dopo i primi cinque anni di mandato si appresterebbe a ricevere la riconferma per l'estensione a dieci anni del proprio mandato, quindi sino al 2022. Un po' come già accadde al suo predecessore Hu Jintao. Tuttavia, l'attuale faida intestina senza esclusione di colpi che dilania il PCC, rende la prevedibile conferma di Xi Jinping una incognita.

Xi oltre a guidare il PCC è anche presidente della Repubblica. Egli incarna il paradosso di avere tra le mani un potere simile a quello di Mao, ma senza possedere di quello la forza per cambiare il Paese. Per esempio, per incidere con il bisturi nella cancrena della corruttela sistemica che si annida nelle inefficienti aziende di Stato. La resistenza al cambiamento che Xi sta incontrando è molto forte. Lo stallo, un grave pericolo, in un Paese così importante per il mondo globalizzato. Rivelatore ed inquietante è stato il clamoroso arresto per corruzione, nell'estate 2016, del generale Wang Jianping, alleato del potentissimo capo dei servizi segreti interni, Zhou Yongkang, finito in manette pure lui. Wang e Zhou sono i primi alti ufficiali cinesi a finire in galera per corruzione dopo la vicenda della caduta della "banda dei quattro" nel 1976. E infatti, anche la riforma dell'esercito procede a rilento.

È al nuovo Presidente che dobbiamo la trasformazione della Cina da grande fabbrica del mondo, a Paese in grado di sorreggersi da solo e crescere senza eccessiva dipendenza dalle altre economie. Mediaticamente questo passaggio è stato battezzato Shi San Wu (ovvero, uno tre cinque). Così in Cina si è denominato il tredicesimo piano di sviluppo economico quinquennale varato dal Partito Comunista (rappresentato numericamente con la scritta 13.5 che consente di comprendere l'origine della denominazione).

Il Presidente Xi Jinping ed il Primo Ministro Li Keqiang sono i due keymen – uomini chiave - di Pechino: a loro possiamo attribuire la propulsione economica attesa dallo Shi San Wu.

Il PIL della Cina entro il 2030 supererà abbondantemente il PIL degli Stati Uniti: il governo cinese ha varato un ambizioso piano di riforme economiche tese a trasformare il Dragone Rosso entro cinque anni in un'economia matura, con crescita sostenibile generata per la maggior parte da consumi interni.

In sostanza, si vorrebbe portare equilibrio ai drivers di crescita cinese, incentrata per oltre quindici anni solo sulle esportazioni della propria industria manifatturiera e sugli investimenti infrastrutturali interni per grandi opere pubbliche finanziate con un elevato ricorso al debito di matrice statale, oltre che aver dato spinta ed enfasi al mercato delle costruzioni residenziali e ai mercati finanziari cinesi, che ora sono accessibili - in parte - anche ad investitori istituzionali esteri.

Il costo del lavoro – proverbialmente contenuto - in Cina si è lentamente elevato negli ultimi anni, per consentire un tenore di vita più dignitoso ai nuclei familiari. Un reddito netto disponibile che possa essere volano di una crescita dei consumi interni.

Naturalmente questo fenomeno economico di lievitazione dei costi di produzione diretti produce - di pari passo - una perdita di competitività per le aziende cinesi. Che iniziano a trovare più difficoltà a far assorbire il loro output produttivo in misura preponderante solo da partner commerciali esteri.

Da questa consapevolezza e constatazione trova appunto il suo fondamento lo Shi San Wu, strutturato in cinque grandi macro aree di intervento strategico decise dal governo di Pechino.

Al primo punto del piano quinquennale c'è la ridefinizione della politica demografica, che abolisce il famoso vincolo del figlio unico. Proprio a causa di questa limitazione, adottata da Deng Xiaoping per sterilizzare la pressione demografica, disinnescando la "bomba demografica cinese", prodotta dal Grande Balzo in Avanti di Mao Tse Tung (ricordiamo l'aumento del 50% della popolazione in due decenni da 600 a 900 milioni), la Cina è diventata una nazione con pericolosissimi squilibri demografici che impattano in misura significativa sull'invecchiamento (troppo precoce) della popolazione. La Cina comunque rimane il Paese più popoloso del mondo, ospitandone il 20 % del totale: 1,38 miliardi di individui. Offrire la disponibilità di avere un secondo figlio avrà sicuramente conseguenze positive e virtuose sui consumi interni: pensiamo a che cosa hanno bisogno i neonati nel corso dell'intero loro percorso di crescita. Inoltre una famiglia cinese, sapendo di poter contare su quattro braccia che lavorano per la loro vecchiaia, si potrà permettere di diminuire la propria quota di risparmio familiare – ovvero, la dote di un tempo per il figlio unico - per dirottare parte dei risparmi invece verso investimenti non tradizionali ad alto ritorno economico. Come ad esempio proprio la borsa.

Il secondo macro tema di intervento che si dovrà sviluppare è dato dall'accrescimento dei consumi interni, attraverso facilitazioni per il ricorso al credito al consumo e l'innalzamento dei salari e degli stipendi. La ratio punta a generare un circolo virtuoso, per cui la perdita di competitività delle esportazioni cinesi dovrebbe essere compensata da un maggior contributo alla crescita economica proveniente dalla spesa interna per i beni di consumo.

Occhio, perché questa oltre ad una scommessa è un vero azzardo: si deve confidare infatti che il risultato venga conseguito. In caso contrario, le conseguenze potrebbero essere davvero esiziali, sia sul piano sociale che su scala finanziaria.

Il terzo tema dello Shi San Wu è quello del contrasto alla povertà nelle aree rurali. Regioni in cui ancora oggi sono presenti enormi differenziali rispetto alle aree urbane, in termini di stile e benessere di vita dei nuclei familiari. Un film del 1999 fa comprendere bene lo stato di povertà di molte province cinesi, "Non uno di meno" del regista Zhang Yimou. **Il quarto tema** è quello degli investimenti istituzionali per produrre energia sostenibile. Obiettivo strategico e di vitale importanza, in seguito ai valori ambientali di invivibilità che permeano tutte le grandi aree urbane e metropolitane cinesi.

Per dare un elemento di giudizio considerate che i nostri livelli di intolleranza sono 1/50 di quelli che oggi caratterizzano i grandi agglomerati urbani della Cina: si sta diffondendo sempre più la moda di vendere lattine di aria compressa proveniente dal Canada o dall'Alaska per le strade come se si trattasse di un ristoro per i passeggiatori. Perché le megalopoli cinesi sono delle irrespirabili camera a gas a cielo aperto.

Per ultimo, **come quinto argomento "core"**, troviamo il mood verso le giovani generazioni. Spieghiamolo così: il governo cinese vuole farsi apprezzare dai giovani, rendendosi disponibile all'ascolto dei loro problemi e istanze.

Pechino ha una paura comprensibile e fondata: se dovessero scappare di mano le attese dello Shi San Wu, potrebbe ripetersi un'altra Piazza Tienanmen. Con le tecnologie mobili e digitali odierne sarebbe impossibile la censura delle proteste giovanili. Pensate che ancora oggi le cifre sono sconosciute, si parla tra i 7.000/12.000 morti. Oltre migliaia di feriti.

Facciamo un breve salto nel passato. La notte tra il 3 ed il 4 giugno 1989, i carri armati dell'Esercito di Liberazione Popolare cinese uccisero nella piazza simbolo di Pechino migliaia di ragazzi, stroncando nel sangue e nella repressione le proteste degli studenti che reclamavano democrazia. La protesta era iniziata un mese e mezzo prima, il 15 aprile. Dopo la scomparsa dell'ex capo del PCC Hu Yaobang, sostenitore di riforme democratiche, 100 mila studenti si erano riuniti in

Piazza Tienanmen per commemorarlo e dare voce alle propria insoddisfazione verso il governo. Il 27 aprile studenti di 40 università marciavano su Piazza Tienanmen. Lì si erano uniti a loro operai, intellettuali e funzionari pubblici. A maggio, in Piazza si erano date ritrovo un milione di persone. Il governo per disperdere i manifestanti aveva imposto la legge marziale e inviato le truppe corazzate.

I soldati in un primo tempo si erano arrestati di fronte alla folla, ritirandosi. Finché Deng Xiaoping – capo della commissione militare – aveva intimato alle forze governative: "Fate fuoco". Secondo Xiaoping quei ribelli mettevano in pericolo la sicurezza e il futuro del Paese.

C'è una foto simbolo della immane disparità di forze in campo, ve la ricordiamo nel nostro Apocalypseuro: si vede uno studente da solo, disarmato, che si ferma davanti alla colonna di carri armati. E per un po' riesce nel suo intento, Davide contro Golia. Time lo inserì nella lista dei 20 più grandi rivoluzionari del secolo. Chi era questo incredibile eroe? L'inglese Sunday Exspress scrisse di averlo individuato in Wang Weilin, 19 anni, figlio di operaio. Notizia peraltro smentita recisamente dai dissidenti cinesi. L'amministrazione Usa dell'epoca sarebbe stata a conoscenza del nome del giovane coraggioso "armato" di due sacchetti di plastica. Di lui non si seppe più niente: ucciso sul posto? Rinchiuso nei campi di rieducazione?

Ma torniamo a noi: mediante questo ardito e pericoloso piano di riforme, la Cina stima di aumentare il suo PIL del 40% in cinque anni, passando dagli attuali dieci trilioni di dollari agli oltre quattordici previsti per il 2020. Il tutto generando anche circa cinquanta milioni di nuovi posti di lavoro (tre volte il numero degli italiani che oggi lavora) in appena cinque anni, passando pertanto da 775 milioni di lavoratori attuali ad oltre 825 milioni. Sono le aspettative più rosee ed ottimistiche secondo Pechino. Tuttavia sono numerose le case di gestione d'investimento che manifestano giustificate perplessità sulla bontà ed efficacia dello Shi San Wu. E su come sia troppo ottimistico. In questa direzione, si leggono i moniti delle comunità finanziarie: se la Cina dovesse rivedere considerevolmente le proprie stime o si trovasse a gestire un deterioramento economico molto più accentuato, a quel punto il mondo intero sarebbe proiettato nello scenario peggiore possibile: senza il volano cinese si fermerebbero a catena tutti i paesi emergenti. Producendo un'instabilità finanziaria mai vista prima, senza dimenticare il contributo alla crescita di UE ed USA con una Cina zoppicante.

Vi è di più. Per poter portare a compimento la sua agenda Xi Jinping deve cambiare le fondamenta dello Stato cinese. Privatizzando aziende strategiche di Stato, eliminando le imprese zombie, ristrutturando il debito e l'eccesso di capacità produttiva.

Interventi molto ambiziosi che provocano l'astio e la conflittualità di una parte dell'establishment comunista, che non vuole perdere posti di lavoro (pensiamo ai dirigenti di partito), potere e un'economia parallela nascosta e di privilegio, che ha consentito il verificarsi ed il nascere dei grandi episodi di corruzione politica di cui scrivevamo qualche riga fa.

L'inizio del 2017 però promette bene, mettendo in mostra un'economia cinese rinvigorita ed in ripresa. Il PIL, nel primo trimestre dell'anno, stima una crescita annua al 6.9%. Ricordandoci che nel 2015 la Cina cresceva al 7% e nel 2016 al 6.7%. E' il miglior trimestre dal 2015, con un'economia finalmente stabilizzata, dopo gli accenni di crisi finanziaria dell'estate del 2015, in virtù del sostegno del Governo. E tramite investimenti infrastrutturali, in particolar modo nella logistica del trasporto delle merci. Pertanto, il rallentamento programmato della crescita sembra in linea con le attese. La transizione del modello economico pare procedere secondo i piani. Tanto che oggi, almeno la metà del PIL cinese è generato dai servizi, cioè dal terziario.

Dal 2000 al 2015 il PIL cinese è quadruplicato ed il grande motore di questa crescita va ricondotto ai consumi cinesi, ovvero i consumi di famiglie ed imprese che stimolano e sorreggono la domanda interna. Un'ulteriore propulsione alla crescita si deve poi alla spinta per l'innovazione tecnologica: la Cina è assurta a Paese leader al mondo per percentuale di PIL che è destinata alla ricerca e allo sviluppo della modernizzazione tecnologica, con oltre due punti percentuali. Nel 2016 la Cina ha segnato il record mondiale per numero di brevetti registrati nei dodici mesi: con più di 500 mila richieste di brevetto su scala internazionale.

Intanto la disoccupazione è ai livelli più bassi del mondo: quattro punti percentuali. E non dimentichiamoci mai che parliamo di un Paese in cui l'economia ha una genetica ibrida tra quella che una volta veniva considerata l'economia pianificata e quella che conosciamo come economia di mercato globale.

Per quanto, nel breve termine, i dati che descrivono lo stato di salute del Dragone Rosso possano essere considerati confortanti, nel medio e lungo termine, le previsioni, al momento attuale, sembrano esserlo poco. Valutazioni sospese che scaturiscono da tre letture che possiamo fare su alcune variabili macro-economiche ed eventi di natura geopolitica, che hanno caratterizzato l'arco degli ultimi sei mesi.

Partiamo con il cambio al vertice negli Stati Uniti di Donald Trump, che ha già messo in discussione i rapporti commerciali con la Cina stessa, come già spiegato nel capitolo dedicato alla Trumponomics. Per il nuovo inquilino della Casa Bianca, la Cina è considerata un avversario economico e non più un partner commerciale.

Pertanto, si può pronosticare che la conflittualità tra questi Paesi potrebbe essere destinata ad amplificarsi. Anche in modo significativo. E anche a causa della Corea del Nord.

Le sbandierate misure di protezione del mercato interno volute da Trump, vanno ad impattare sui livelli di occupazione cinese che dipendono, in misura ancora rilevante, dalla domanda estera.

Non è casuale che proprio lo stesso Xi Jinping, nell'incontro annuale di Davos, abbia proclamato come - d'ora innanzi - la Cina si dovrà considerare come la protettrice mondiale della globalizzazione e dell'ordine economico mondiale. Un ruolo questo che per decenni era sempre stato ricoperto dallo Zio Sam.

Un secondo elemento, che induce a nutrire dubbi e perplessità sullo stato di salute cinese lo riconduciamo ai livelli di debito raggiunti, sia dallo Stato che dal settore corporate. Il rapporto debito PIL cinese sarebbe ormai prossimo al 250%. Vale a dire possiamo considerare la Cina come il Paese più indebitato al mondo, almeno nel rapporto sulla sostenibilità e dimensione del debito.

Il debito si è espanso in misura incontrollata sia nelle aziende di Stato che nel settore privato. Tanto da produrre quel crash di borsa che ha caratterizzato l'estate 2015 e che ha visto l'indice cinese, lo Shanghai Stock Exchange (SSE), passare da 5000 punti a 3000 punti nel giro di pochi mesi.

Sono intervenute le autorità monetarie cinesi ed il governo di Pechino, per tamponare il panic selling e per limitare i danni, obbligando, in taluni casi, al riacquisto delle azioni quotate sulla borsa da parte degli stessi soggetti emittenti, per sorreggere le quotazioni.

L'Economist si è espresso, sulla bolla immobiliare e sulla bolla del debito cinese, con queste parole: "Il punto non è se queste bolle esploderanno, piuttosto quando lo faranno".

La dirigenza del Partito Comunista cinese è consapevole di questo scenario potenzialmente "apocalittico" ed ha attuato programmi per gestire e contrastare l'eccesso di credito, la dimensione del debito privato e, soprattutto, la bolla immobiliare nel settore residenziale, che è lievitata anno dopo anno fino ad assumere i contorni di una dimensione insostenibile.

Il Premier cinese Li Keqiang ha ammonito i mercati da rischi associati ai bad loans, cioè alla dimensione dei crediti deteriorati e, quindi, inesigibili; i famosi NPL, che conosciamo molto bene in Italia. La stima, in termini percentuali della dimensione degli NPL in Cina, supera già i dieci punti percentuali.

Nonostante la Cina continui a mantenere e a preservare il suo potenziale di crescita, continua la lotta alla povertà da parte delle istituzioni cinesi, che hanno varato il piano di riduzione della povertà, che presuppone di far uscire ogni anno, dalla fascia di povertà, almeno 50 milioni di cinesi. Questo dovrebbe consentire di assottigliare il divario tra le aree di residenza urbana e le cosiddette "aree rurali". Territori in cui nel Terzo Millennio stentano ad arrivare spinte al miglioramento della qualità e del benessere di vita.

La lotta ed il contrasto alla povertà, è uno dei punti chiave del tredicesimo piano quinquennale. Proprio la condizione di povertà endemica delle popolazioni di alcune aree rurali produce un circolo poco virtuoso, spingendo i genitori a smettere di finanziare e a sostenere gli studi dei propri figli, inviati nelle sedi universitarie delle province più ricche. Poiché le conseguenze del mutamento del modello economico cinese stanno, sì, facendo aumentare la crescita del reddito netto disponibile per il cinese medio, che si attesta a circa 4000 dollari su base annua. Ma hanno anche prodotto degli spiacevoli fenomeni di arresto del percorso di crescita e formazione professionale, in quanto i redditi che si possono percepire, dopo un lungo e faticoso percorso di studi, non producono più quello smarcamento sociale con l'ottenimento di una remunerazione aggiuntiva che giustifichi i sacrifici economici ed i debiti finanziari che una famiglia deve fare per mantenere i figli a studiare.

Questo ovviamente si accentua nelle aree rurali svantaggiate. In economia questo fenomeno è definito come "trappola del reddito medio": raggiunto un determinato livello di reddito, che la maggior parte delle persone considera soddisfacente, la crescita di un'area o di un Paese inizia a rallentare o, peggio, ad arrestarsi. A fronte della mancanza di stimoli sufficienti e necessari a ricercare un reddito superiore e ottenere un livello di benessere superiore e più gratificante.

Per dare soluzione a questa involuzione socio-culturale Xi Jinping punta a promuovere la nascita di nuove attività imprenditoriali, dando incentivi fiscali, soprattutto ai ragazzi più giovani, avviando un programma di privatizzazioni e sostenendo i processi di urbanizzazione nelle aree rurali a maggior tasso di povertà. Per creare infine un circuito virtuoso, spinto non dal controllo politico della crescita economica, ma dalla vocazione imprenditoriale del singolo individuo, che naturalmente ricerca per se stesso e i propri cari una soddisfazione professionale ed un ritorno economico il più alto possibile.

Per finire quindi, dobbiamo ritenere per i prossimi trimestri la Cina come un osservato speciale. Negli ultimi cinque anni, questo Paese si è comportato come un polmone finanziario per tutto il mondo, in particolar modo per le economie occidentali avanzate, cadute in disgrazia per la crisi del debito sovrano e per la crisi del settore bancario.

Le iniezioni di capitali e gli investimenti diretti all'estero, effettuati proprio dalla Cina, hanno consentito di dare supporto a tali nazioni in un momento di criticità sistemica.

Oggi il Dragone Rosso contribuisce, con un 30 %, alla crescita dell'economia mondiale ed è, di fatto, il primo investitore al mondo per gli investimenti diretti e per la presenza estera in costante aumento. Solo nel 2016 sono stati investiti oltre 150 miliardi di dollari in cento Paesi. Tanto per comprendere questo fenomeno considerate come la cinese Tencent ha acquistato un partecipazione strategica del 5 % all'interno di Tesla Motors e di come oggi due gloriose squadra di calcio italiane sono interamente di proprietà cinese, l'Inter con Suning Commerce Group di Zhang Jindong e il Milan con Li Yonghong.

Queste constatazioni ed esempi di investimento diretto in Paesi partner o concorrenti ci portano a comprendere che una battuta d'arresto della Cina o una crisi sistemica nel Partito Comunista, nel cruciale Congresso di ottobre, verrebbe a creare effetti deleteri a catena, di proporzioni e gravità imprevedibili, sulla stabilità finanziaria dell'economia mondiale.

7

Il commercio di carne umana

Un orologio rotto, per due volte nell'arco di una giornata, segna l'ora esatta. Domanda: per questa ragione, oggettiva ed indiscutibile, voi vi mettereste al polso quell'orologio? Vi fidereste insomma di scandire tutto il tempo della vostra vita (lavoro, appuntamenti, impegni, incontri) con quello strumento, difettoso anche se ambiguamente preciso?

Così è per la nostra classe politica: capita che ne azzecchi qualcuna, persino essendone incapace. Le definiremmo "soluzioni all'insaputa della Casta". Sindrome e paradosso assieme di un Palazzo distante anni luce dalla realtà che viviamo noi comuni mortali.

Ma per indovinare soluzioni strategiche, di ampio respiro, ovvero soluzioni ai problemi epocali che producono conseguenze decisive (e sovente devastanti) sulle nostre vite, non basta la solita applicazione speculativa della filosofia della riduzione del danno. Non basta taccheggiare. Fingere di avere voce in capitolo e un potere decisionale, in grado di incidere sulla realtà e le sue trasformazioni. Non è sufficiente il desolante e patetico teatrino della politica di gente che per sopravvivere nel proprio privilegio simula dispute e risse a non finire, scavando nel frattempo sul fondo della propria capacità di fingere e mistificare. Senza pagare mai il conto con i comuni cittadini.

Servono sovranità, competenza, efficienza e capacità. Servono statisti. Che stanno ai politicanti, come la castità sta all'impotenza: solo un superficialotto e distratto osservatore le potrebbe confondere, nel frastuono della disinformazione mistificatoria 2.0. Statisti, che pensano alle generazioni future, non a salvare la propria poltrona. Statisti, di cui non vergognarsi, non "personaggetti" (copyright, De Luca) che al di là delle vuote chiacchiere da talk show televisivo, nel retropensiero, rimuginano perplessi e preoccupati: "Noi sapremmo benissimo cosa fare, solo che non sappiamo cosa fare, dopo averlo fatto, per essere rieletti".

Ecco. Viene francamente la pelle d'oca, abbinata alle vertigini ed alla labirintite, sapendo che i "problemi epocali" del nostro tempo sono nelle mani di questi impiastri, buoni a nulla e dunque capaci di tutto.

Due problemi, in primissimo piano: la devastante crisi economica, che ci attanaglia e soffoca da almeno un decennio e le migrazioni bibliche dai paesi del terzo e quarto mondo verso quelli più sviluppati. E che sono avvitati in una spirale precipitosa di rapido declino.

In questa parte di Apocalyps€uro vogliamo occuparci dell'altra emergenza, quella immigratoria: la "grande invasione". Le migrazioni di proporzioni bibliche verso l'Europa, e quindi in primis l'Italia, a cagione del nostro immanente destino geografico di nazione ponte sul Mediterraneo.

Noi due, ce ne siamo ovviamente già occupati, di questo

argomento. Tanto in Neurolandia, che in Eurocracy. Solo che quando ce ne occupammo e ce ne occupavamo, la situazione non era neppure lontanamente paragonabile, sia in termini quantitativi che qualitativi, a quella che si sta sviluppando in queste settimane della drammatica primavera 2017.

Il Signor Kalergi

Tra i principali ideatori del processo d'integrazione europea c'è anche chi pianificò in modo sistemico e scientifico il genocidio programmato dei popoli europei. Lo **sterminio per sostituzione**.
E' un oscuro personaggio, di cui gran parte di noi ignora l'esistenza. Ma che i potenti venerano come il padre fondatore dell'Unione Europea.
Il suo nome era ed è Richard Coudenhove Kalergi. Era ed è, perché risulterebbe il convitato di pietra della grande invasione. Con chi ne avrebbe raccolto il testimone.
Fate conto che Kalergi sia un tipo oscuro, di quelli fatti più di ombra che di corpo. Spettri che si muovono dietro le quinte della storia. Nel "dark power", il potere oscuro.
Tuttavia o per conseguenza, gli riesce di sedurre, calamitare ed irretire nelle sue trame importanti capi di stato e potenti di vario livello. Essi diventano a propria volta "apostoli", sostenitori e promotori del suo progetto di unificazione europea.
Nasce così, per delirante gemmazione, il movimento Paneuropa. Kalergi rivela che alti politici francesi approvavano il suo movimento per reprimere la ripresa della Germania. Kalergi affascina perfino Winston Churchill, per dire. Ma nell'interminabile lista degli alti politici del XX secolo, c'è anche Adenauer. Non figure di

seconda schiera. Con il sostegno del New York Times e del New York Herald Tribune, Kalergi presenta al Congresso Usa il suo piano.

Il suo disprezzo per il governo popolare lo manifesta in una frase che pronuncia nel 1966, in cui ricorda la sua attività del dopoguerra: "I successivi cinque anni del movimento Paneuropeo – dice - furono dedicati principalmente a questa meta: con la mobilitazione dei parlamenti si trattava di forzare i governi a costruire la Paneuropa".

Aiutato da Robert Schuman, il ministro degli esteri francese, Kalergi riesce a togliere al popolo tedesco la gestione della sua produzione dell'acciaio, ferro e carbone e la trasferisce ad una autorità sovranazionale, antidemocratica.

In Italia, avrebbe irretito persino De Gasperi, il "trentino prestato all'Europa" e quasi santo, come è noto alla iconografia politica.

Kalergi crea abilmente un espediente: timeo danaos et dona ferentes (Eneide, Libro II, 49, Publio Virgilio Marone: sono le parole pronunciate da Laocoonte ai Troiani per convincerli a non fare entrare il famoso cavallo di Troia nella città, tradotto: "Temo i Danai anche quando portano doni"). Finge pertanto di voler stabilire la pace tra il popolo tedesco e quello francese.

Negli anni venti Kalergi sceglie il colore azzurro per la bandiera dell'Unione Europea. Il ruolo guida di Kalergi nella creazione dell'Europa multiculturale e nella restrizione del potere esecutivo dei parlamenti e dei governi, apparirebbe evidente ai giorni nostri, vedi il conferimento del premio "Coudenhove Kalergi" al Cancelliere Helmut Kohl, in ringraziamento per aver seguito "il piano". Come l'elogio e l'adulazione di Kalergi da parte di Junker, attuale capo in carica della Commissione UE. Nel 1922 Kalergi fonda a Vienna il movimento "Paneuropa" che mira all'instaurazione di un Nuovo Ordine Mondiale basato su una Federazione di Nazioni guidata dagli Stati Uniti. L'unificazione europea avrebbe costituito il primo passo verso un **unico governo mondiale**.

Con l'ascesa dei fascismi in Europa, il Piano subisce una battuta d'arresto. L'unione Paneuropea è costretta a sciogliersi. Dopo la Seconda Guerra Mondiale, Kalergi, con l'appoggio di Churchill e della potente loggia massonica B'nai B'rith, riesce a far accettare il suo progetto al Governo degli Stati Uniti.

Nel suo libro «Praktischer Idealismus», Kalergi dichiara che gli abitanti dei futuri "Stati Uniti d'Europa" non saranno i popoli originali del Vecchio continente, ma una sorta di macedonia di subumanità, frutto di una indifferenziata mescolanza razziale.

Kalergi afferma senza mezzi termini che è necessario **incrociare i popoli europei** con razze asiatiche e di colore, per creare un "gregge multietnico" senza qualità e perciò stesso facilmente dominabile dall'elite al potere.

Scrive: «L'uomo del futuro sarà di sangue misto. La razza futura eurasiatica-negroide, estremamente simile agli antichi egiziani, sostituirà la molteplicità dei popoli, con una molteplicità di personalità».

Insomma, Kalergi proclama l'abolizione del diritto di autodeterminazione dei popoli e l'eliminazione delle nazioni per mezzo dei movimenti etnici separatisti e sulla spinta mostruosa di una immigrazione allogena di massa, di matrice religiosa islamica. **Affinché l'Europa sia dominabile dalle elite.**

A questo informe ed indistinto meticciato, Kalergi attribuisce crudeltà, infedeltà e altre sopraffine caratteristiche che debbono essere create artificialmente e scientemente. Visto che sarebbero indispensabili per conseguire la superiorità dell'elite sulla massa dei miseri diseredati.

La tesi, nuda e cruda, è questa: eliminando per prima la democrazia, ossia il regime del governo del popolo sul popolo, e poi il popolo attraverso la mescolanza razziale, la razza bianca deve essere sostituita da una razza meticcia facilmente dominabile.

Abolendo il principio dell'uguaglianza di tutti davanti alla legge ed evitando qualsiasi critica alle minoranze, letteralmente comprandosele con la lusinga di leggi straordinarie che le proteggano, si riuscirà a reprimere la massa.

I politici del suo tempo diedero ascolto a Kalergi. Le potenze occidentali si basarono sul suo piano e le banche, la stampa e i servizi segreti americani finanziarono i suoi progetti. I capi della politica europea sanno che è il Signor Kalergi, l'autore di questa Europa dei banchieri e dei massoni.

L'incitamento al genocidio è alla base dei reiterati inviti dell'ONU ad accogliere milioni di immigrati per compensare la bassa natalità europea. Secondo una nota diffusa all'inizio del nuovo millennio nel rapporto della "Population Division" delle Nazioni Unite a New York, dal titolo **Replacement Migration**, l'Europa avrebbe bisogno, entro il 2025, di 159 milioni di immigrati (in appendice troverete il relativo approfondimento).

A suo tempo ci domandammo come fosse possibile computare stime tanto acribiche e precise, se l'immigrazione non fosse un piano studiato a tavolino. Un disegno pianificato: il cielo è oscurato dalla bassa natalità occidentale. In Italia le culle sono sempre più vuote: secondo l'Istat, al primo gennaio 2017, la popolazione italiana ammontava a 60 milioni 579mila residenti. 86mila unità in meno sull'anno precedente.

Meno 1,4 per mille. E così la natalità conferma la tendenza alla diminuzione sotto il livello zero. Il punto minimo delle nascite del 2015, pari a 486mila, è superato da quello del 2016 con 474mila. I decessi sono 608mila, dopo il picco del 2015 con 648mila casi, un livello elevato, in linea con la tendenza all'invecchiamento della popolazione.

Il saldo naturale (nascite meno decessi) registra nel 2016 un valore negativo (meno 134mila), il secondo maggior calo di sempre, superiore soltanto a quello del 2015 (meno 162mila).

La fecondità totale italiana scende a 1.34 figli per donna da 1.35 del 2015. Tasso che non sarebbe dovuto a una reale riduzione della propensione alla fecondità, ma al **calo delle donne in età feconda**, per le italiane, e al processo d'invecchiamento anche delle straniere.

Questo trend demografico di per sé, a nostro avviso potrebbe essere facilmente invertito con idonei provvedimenti di sostegno alle famiglie. Tuttavia sul piano pratico avviene questo: possono beneficiare delle relative agevolazioni ad oggi previste tutte le donne incinte al 7° mese di gravidanza, indistintamente dalla cittadinanza o dal titolo di soggiorno. Quindi, col il solo permesso di soggiorno, possono chiedere il bonus bebè – assegno una tantum di 800 euro – tutte le donne straniere in gravidanza. Vedete un po' voi.

È evidente che non è così che si protegge la popolazione italiana. Ma così facendo se ne accelera la scomparsa. Le tesi del cosiddetto Piano Kalergi hanno costituito e costituiscono le basi fondanti delle politiche ufficiali dei governi volte al genocidio dei popoli europei attraverso l'immigrazione di massa.

Il piano Kalergi è in via di realizzazione come strillano coloro i quali ci credono? O è solo becero, patetico complottismo come berciano i suoi detrattori?

Insomma, ci troviamo di fronte ad una vera terzomondializzazione dell'Europa o è solo fantasia? L'assioma portante della "nuova civiltà" sostenuta dagli evangelizzatori del verbo multiculturale è l'adesione all'incrocio etnico forzato. I sostenitori del dio-globalizzazione ci vogliono convincere che rinunciare alla nostra identità è un atto progressista e umanitario. Che ovviamente il "razzismo" è sbagliato. Viene il dubbio che a loro delle razze non gliene potrebbe importare di meno, ma che gli stia a cuore unicamente di farci diventare tutti ciechi consumatori e supini esecutori.

Ripetiamo la domanda: il piano Kalergi è frutto di immaginazione? L'idea generale sarebbe quella di risolvere le identità e gli storici stati nazionali europei trasferendo il potere non ha uno Stato comune ma ad organismi autocratici sovranazionali. E questo è stato fatto.

La cancellazione delle nazionalità e sovranità, si attua con l'industria culturale e con l'immigrazione forzata, l'onda che trasforma le nazioni in mischie indistinte e prive di comune matrice valoriale, etica, mitopoietica.

Le genti senza identità, sarebbero politicamente inebetite e risulterebbero, a conti fatti, meno attive e reattive. E dunque più facilmente gestibili e manovrabili, carne da macello nelle grinfie di un potere centralistico autocratico e non eletto.

Il caso Donadel

Luca Donadel, uno studente di 23 anni, è l'uomo del momento sui social network; il suo video "La verità sui migranti" è sul web da settimane, sommerso da milioni di visualizzazioni. Le video-inchieste che Donadel produce diventano virali, fanno il giro della rete e smontano le fake news buoniste. Luca è uno studente di comunicazione all'Università di Torino che sente il bisogno di smontare le bufale che circolano sulla rete e sul mainstream mediatico. Prima degli immigrati, ha parlato di Trump e Brexit, riscuotendo successo sul web. Ecco due passaggi di una sua intervista.

"Sei partito dal bisogno di fare fact-checking, ossia sottoporre alla prova di realtà le informazioni che si leggono sui giornali o sui media mainstream. Volendo, non è quindi difficile fare questa operazione. Seguendo il tracciato delle navi scopri che hanno un solo punto d'approdo.

Esattamente, non è difficile. La mia ricerca è partita spinta dalla curiosità, su cui poi ho voluto fare un video. Però indubbiamente, se ci riesco io che sono ancora uno studente e non sono un grande giornale, è strano che i media mainstream non riportino queste notizie ma che spesso le mistifichino. Anche i luoghi e i punti dove sono raccolti i migranti: un conto è scrivere "al largo delle coste libiche", generico ma non falso, mentre invece scrivere "raccolti nel canale di Sicilia" quando i tracciati AIS (Automatic Identification System, sistema automatico di tracciamento utilizzato in ambito navale) dimostrano che non è così, risulta scorretto. Non si può provare che sia fatto con malizia ma comunque il dubbio viene".

Tu parli di business, una spiegazione semplice e sotto gli occhi di tutti. Però, siccome gli affari sono sostenuti dal Ministero dell'Interno con soldi pubblici, quale sarà il ritorno?

"Una cosa che nel video non ho citato abbastanza è il fatto che ci siano nuovi posti di lavoro nel settore dell'accoglienza. Non solo per i soldi pubblici che finiscono nelle tasche di privati, ma è anche per il peso dei voti che questo processo sposta: le persone votano chi gli garantisce di tenersi il posto di lavoro. È una sorta di ricatto politico".

Secondo Luca, è accertato come il governo e le altre autorità, compreso il Vaticano, mentano sull'immigrazione. Cioè è un fatto di evidenza solare come le organizzazioni non governative (ONG), supportate dalla Marina Militare italiana e dalle altre navi di Frontex, non salvano i migranti nel canale di Sicilia, ma li vanno a prendere, ovvero a importare, d'accordo con gli scafisti. E, prima di arrivare in Italia, essi attraversano acque territoriali tunisine, sicché legalmente è in Tunisia che li dovrebbero bloccare. Mentre guarda un po' i "profughi" vengono portato tutti sempre in Italia. Non solo e non tanto per il "business dell'accoglienza", per il lavoro sottopagato, per la manovalanza criminale e per la prostituzione, ma soprattutto a nostro giudizio per destabilizzare pesantemente il Sistema Paese e, insieme - due piccioni con una fava - per destabilizzare la cultura e l'identità italiane.

Ripredendo quindi ancora il Piano Kalergi, quest'ultimo altro non è che un progetto di ingegneria sociale, cioè di trasformazione delle società e degli ordinamenti giuridici progettata e condotta dall'alto, con ricorrenti aggiustamenti in corso d'opera. A seconda delle "risorse" che si hanno a disposizione. Il tutto senza che sia dichiarato all'opinione pubblica in quanto voluto e portato avanti da potentati finanziari sovranazionali, cioè dai creditori dei governi e dalle banche centrali che sostengono tali bilanci. È un piano molto forte, a cui difficilmente la politica potrebbe opporsi nei fatti. E in effetti le forze politiche solo a parole giurano al popolo di voler difendere l'autodeterminazione del popolo stesso, la nostra democrazia, i nostri confini. In pratica, non lo fanno. E non si oppongono allo scempio.

Oltretutto, Kalergi a parte, l'Italia rimane un paese militarmente occupato dagli Stati Uniti, con la presenza sul nostro territorio nazionale di oltre 100 basi militari di cui non sappiamo nemmeno il contenuto (in armi di distruzione di massa e nucleari) e rispettive capacità.

Siamo un paese soggiogato dalle catene invisibili di istituzioni finanziarie sovranazionali controllate dalla Germania. Un Paese in cui non c'è spazio per scelte politiche autonome. E in cui non ci può essere una politica vera e propria, ma solo un affarismo abborracciato di forze solo apparentemente politiche e democratiche. Forze che, per acquisire voti e peso, **promettono di andare contro il sistema**, ma poi, quando sono al governo, sostengono il sistema. Che le ha prodotte per perpetuare se stesso, inventandosi nemici fantoccio.

Essenzialmente perché gli attuali partiti non potrebbero fare altro e altrimenti. Non ne hanno la forza. Non ne hanno la lungimiranza. Sono ricattate e private della libertà di fare altro. Così è stato con tutti i partiti di questo tipo, perciò da nessun partito ci si può aspettare redenzione o perdizione, per il nostro Paese o per altri.

Ed è così pertanto che uno spettro si aggira in Europa ossia la grande sostituzione dei popoli. L'essere europeo, come fenomeno etnico e culturale, è minacciato dall'incedere di ciò che i movimenti sovranisti chiamano «invasione».

Come dite? Allarmismo? La grande sostituzione non è una teoria, non è un concetto, non è una nozione: **è un fatto.** Ecco pertanto l'outlook che ci attende: i popoli europei saranno sostituiti da popoli non europei.

Lo comprendiamo subito, come spiegavamo prima, dalla demografia. Paragonando i non europei e gli europei sul piano del fattore-età: la proporzione è ancora bassa per le persone sopra i settant'anni, ma è enorme sotto i cinque. Saremo i badanti dei figli di un altro popolo.

L'Europa Cristiana è destinata ad essere "sostituita", domani, divenendo un continente islamico. Il proclama del feroce dittatore turco Erdogan si basa su un aspetto incontrovertibile (citato prima): i tassi di natalità, in Europa, sono al minimo storico. Se non si generano figli non si produce ricchezza. La patologica denatalità dei popoli europei li espone, come sa il premier turco, ad una **ineluttabile prospettiva di sostituzione etnica.**

La nostra tesi è che se gli Stati del Vecchio Continente continueranno nelle politiche di tagli alla spesa per i propri cittadini, l'eutanasia dei popoli di Neurolandia sarà un approdo inevitabile.

Crimini di pace

Ed eccoci in Apocalysp€uro al "Caso del Carmelo". Che non è, come si potrebbe pensare, un nuovo episodio del "Commissario Montalbano" di Camilleri. No, è semplicemente il caso del Procuratore Capo di Catania, Carmelo Zuccaro.

"A mio avviso alcune ONG potrebbero essere finanziate dai trafficanti, un giro di soldi, quello dell'immigrazione che parte dalla Libia, che sta fruttando quanto quello della droga". E' stata questa l'ipotesi, "ma soltanto investigativa che al momento non ha prove" lanciata dal Procuratore di Catania, Zuccaro, intorno alle indagini avviate sul ruolo delle Organizzazioni Non Governative nell'arrivo di migranti in Italia.

A fine aprile 2017 il magistrato catanese, in un'intervista, ribadiva il suo netto distinguo e conferma che ONG "come Save the children o Medici senza frontiere su tutte" operano correttamente da tanto tempo, e fanno un gran lavoro": i soldi dati a loro, per Zuccaro, "sono spesi bene".

Su altre, invece, secondo Zuccaro occorre capire da dove arrivano i finanziamenti: "dimmi da dove prendi i soldi e ti dirò chi sei", osserva il Pm. Che ha spiegato in altre interviste, successive alla baraonda mediatica creata, di "avere denunciato un fenomeno, e non singole persone," perché se "si aspetta troppo tempo si rischia di produrre elementi deleteri non più controllabili" e che "questa è una deroga" al riserbo, ma anche "un dovere per chi deve fare rispettare la legalità". E uno studio è anche l'impatto che "un afflusso di migranti incontrollato" avrebbe sull'economia italiana.

"Le questioni sollevate non possono essere sottovalutate", ma bisogna "evitare generalizzazioni", osservava il Ministro dell'Interno, Marco Minniti. Mentre il Guardasigilli, Andrea Orlando, sperava che "la Procura di Catania parli attraverso le indagini e gli atti". Sottolineando che "ricostruire la storia delle ONG come la storia di collusi con i trafficanti, è una menzogna".

Questo il commento invece del riconfermato segretario del PD, Matteo Renzi: "Che qualcuno non si stia comportando bene direi che è possibile. Arrivo a dire: è probabile. Ma la visione degli operatori delle ONG che sono tutti al servizio degli scafisti, come detto da qualche aspirante statista, non va bene. Se qualche ONG va a qualche miglio dalla costa, credo si debba intervenire. Dopodiché vanno combattuti gli scafisti, non i volontari".

Non so se è chiaro: **ONG forse finanziate dagli scafisti!** Gli ipocriti continuino pure ad attaccarmi, io vado fino in fondo", diceva il vice Presidente della Camera ed esponente di punta delM5S, Luigi Di Maio. "Chi tocca

Zuccaro deve vedersela con me e con migliaia di persone come me" aveva minacciato il leader della Lega Matteo Salvini, prima di partire alla volta della Sicilia per trascorrere "un insolito Primo Maggio" dormendo all'interno del Cara di Mineo.

Salvini aggiungeva: "Aspettiamo i primi arresti e i primi sequestri di imbarcazioni. Un Paese serio comincia a sequestrare delle imbarcazioni. Purtroppo al Governo abbiamo gente poco seria. Ha ragione il procuratore di Catania perché c'è un rapporto dei Servizi Segreti italiani e ci sono i dossier delle intelligence straniere che hanno certificato rapporti, telefonate e passaggi di soldi tra gli scafisti e alcune ONG, non tutte. Spero che nessuno imbavagli Zuccaro, che lo rimuova o che lo promuova per farlo stare zitto. Mi auguro – concludeva Salvini - che il lavoro di Zuccaro possa andare sino in fondo e che tutti gli atti gli vengano messi a disposizione".

E mentre il centrodestra si schierava compatto sulle tesi del Procuratore di Catania, dalle ONG si levava un coro di proteste. Da Save the children che denunciava "un generale clima di sfiducia di cui rischiano di farne le spese bambini, donne e uomini in fuga" a Regina Catambrone, fondatrice, di Moas, che accusava: "questi politici stanno facendo campagna elettorale sulla morte delle persone".

"Siamo un'organizzazione umanitaria. Questa campagna di discredito non ci aiuta" replicava Regina Catrambone, direttrice di questa controversa ONG, tra le più attive nel recupero di migranti nel Mediterraneo. Moas è finita nell'occhio del ciclone per le "ombre" nella gestione dei salvataggi.

Questo "gioiello" di beneficienza chiamato Migrant Offshore Aid Station (in acronimo, Moas appunto), è una associazione con sede a Malta. Dispone di due imbarcazioni - Phoenix e Topaz responder - ma anche di gommoni Rhib e droni. E' descritta come una vera e propria flotta per il recupero di clandestini.

A fondare MOAS sono stati lei e suo marito Christopher: che è un miliardario americano arricchitosi con una agenzia di assicurazioni specializzata in alti rischi.

Dalle assicurazioni alla filantropia, il passo sarebbe stato breve: l'illuminazione, dopo un viaggio a Lampedusa, nel 2013. La coppia d'oro decise di creare Moas e stabilirne la base operativa a La Valletta, capitale dello stato maltese, dove vivono e fanno business i due filantropi. Fino ad oggi, si legge nel proprio sito ufficiale, Moas avrebbe salvato 33.455 stranieri dalle onde del mare. Lasciandoli in carico all'Italia. Che adesso li ospita, li accoglie e li sovvenziona.

Tuttavia, il clima starebbe cambiando: Moas potrebbe avere esagerato con la filantropica generosità. Uno spiacevole alone di sospetto si stende ora sulle attività di salvataggio delle ONG.

Frontex – Agenzia europea della guardia di frontiera e costiera dei Paesi dell'area Schengen, 250 dipendenti con sede a Varsavia in Polonia - le accusa di essere colluse con gli scafisti, di caricare i migranti non in acque internazionali ma in mare libico e di accendere grossi fari per attirare i barconi.

Ribatte sempre Regina Catrambone: "Tutte le nostre operazioni si sono sempre svolte sotto il coordinamento della Guardia Costiera italiana e nel rispetto delle convenzioni e del diritto internazionale del mare, pertanto nel pieno della legalità". Peccato che le navi delle ONG sono state viste in acque libiche e la Guardia Costiera nega di averlo mai autorizzato.

Ma su Moas anche la Procura di Catania vuole capire perché e in che modo riesca a rastrellare enormi risorse, tanto da permettersi droni, navi e attrezzature per il salvataggio. La Catrambone si dice pronta a "collaborare".

Alle domande sui finanziamenti "opachi" e "torbidi", la milionaria non risponde. E si limita a invitare a guardare internet: "Ci sono tutti i conti pubblicati. Moas è finanziata privatamente. In primo luogo da mio marito e da me. Ma anche e soprattutto da moltissimi donatori che credono in quello che facciamo, nella nostra professionalità e correttezza, e che per questo decidono di contribuire alla nostra missione".

Moas tuttavia avrebbe avuto 500mila euro da Avaaz.org, una comunità riconducibile a Moveon.org, che fa capo al finanziere George Soros. Non è tutto. Christopher Catrambone risulta tra i finanziatori della campagna elettorale di Hillary Clinton con 416mila euro.

La domanda sorge spontanea: come mai Moas non fa sbarcare i profughi a Malta? Da quando le navi umanitarie si sono moltiplicate nel Mediterraneo, arrivando quasi fin sulla costa libica, hanno aumentato il numero degli interventi - da 5% al 50% dei salvataggi - ma hanno anche incrementato i numeri dei morti.

Gli scafisti al soldo dei trafficanti di carne umana, piazzano i disperati su barconi sempre più sgangherati e con pochissimo carburante. Tanto, "poi ci sono le ONG che le recuperano".

«Non abbiamo mai ricevuto donazioni da George Soros» afferma intanto uno dei componenti della delegazione di Moas, in audizione presso la Commissione Difesa del Senato. Altri cortocircuiti informativi. Mentre la "Stampa" scrive: "Sono arrivati a Catania anche i rapporti riservati dell'intelligence italiana. Altre segnalazioni delicatissime", che farebbero pensare a una regia occulta dietro gli sbarchi, il leghista Giacomo

Stucchi, Presidente del Comitato Parlamentare per la Sicurezza della Repubblica (Copasir) liquida questa visione della realtà come "priva di fondamento". Rivelando che dalle indagini non risulterebbe alcun fascicolo o dossier misterioso. Insomma, niente di malsano dai Servizi Segreti italiani su presunti rapporti illeciti tra scafisti e ONG per il controllo del traffico dei migranti nel Mediterraneo.

Non tarda la replica di Salvini: "Chiedere scusa? Lo facciano Monti, Letta, Renzi, Gentiloni e sua maestà la signorina Boldrini. Io sto con Zuccaro, io sto con Frontex, che certificano, sostengono e confermano quello che qualunque normodotato in Italia e nel mondo ha ormai intuito: l'immigrazione clandestina è organizzata e finanziata, è un business da 5 miliardi di euro e ha portato a 13mila morti sul fondo del mare".

Dal canto suo, Zuccaro va in tv e rilancia: "Potrebbe anche essere, e sarebbe più inquietante, che queste ONG **perseguono finalità di destabilizzazione** dell'economia italiana. Chi volesse speculare su una situazione di debolezza economica dell'Italia incrementata da un afflusso di migranti incontrollato ne avrebbe dei vantaggi". Chi? Chi potrebbe essere il Mangiafuoco Grande Burattinaio?

Dobbiamo aggiungere che il 'faro' sulle ONG dalla Procura di Catania è acceso da tempo. Accertamenti sono stati avviati sul loro proliferare nel Mediterraneo. Sulle loro fonti di finanziamento. E pure sul metodo di soccorso e sull'approdo in Italia.

Vi sarebbero le intercettazioni dei contatti audio con i trafficanti: "Dalla Libia partono delle telefonate - ricostruisce Zuccaro - possiamo mettere in mare delle imbarcazioni anche se c'è il mare agitato?'. Dalle navi vicine ai luoghi di soccorso si risponderebbe, testualmente così: "fate tranquillamente, tanto noi siamo a ridosso". L'intercettazione radio è solo un elemento conoscitivo, per così dire indiziario, non utilizzabile processualmente, perché non è identificabile la fonte.

"La elevata disponibilità di denaro che hanno alcune ONG costituisce un **elemento di sospetto** che ci fa svolgere alcune ipotesi di lavoro. Solo ipotesi che non hanno alcun riscontro probatorio. Ma consentitemi di indagare, è molto più pericolo far finta di niente" ha quindi sottolineato davanti alla Commissione Difesa del Senato lo stesso Zuccaro, nell'indagine conoscitiva sul contributo dei militari italiani al controllo dei flussi migratori nel Mediterraneo e l'impatto della attività delle ONG.

"Ci sono alcune ONG che battono bandiera neozelandese, panamense. Ma che ci stanno a fare, perché queste bandiere? Credo che siano paradisi fiscali", ha concluso Zuccaro. Per il quale comunque allo stato degli atti, non vi sarebbero evidenze probatorie "acclarate".

Il filantropo Soros

Il "signor" George Soros nasce a Budapest, nel 1930. Si guadagna da vivere (piuttosto bene, ipotizziamo) da imprenditore. E' naturalizzato statunitense. La sua ricchezza è notevole con un patrimonio personale stimato in 25 miliardi di dollari: una delle trenta persone più ricche del mondo.

Finanziere di successo dagli anni '50, durante il cosiddetto mercoledì nero - 16 settembre 1992 - Soros diventa famoso con un'ardita, spregiudicata operazione di speculazione che ha costretto la Banca d'Inghilterra a svalutare la sterlina facendogli guadagnare 1,1 miliardi di dollari. Da allora, Soros è chiamato l'uomo che gettò sul lastrico la Banca d'Inghilterra. Nello stesso anno, colpì con una speculazione analoga la Banca d'Italia, inducendo la svalutazione della lira. Sorsos ci causò una perdita del 30% del valore della lira, con una perdita valutaria quantificata in 48 miliardi di dollari.

Bene. Anziché fare causa per danni a costui, il premier Paolo Gentiloni Silveri, di nobile schiatta, nel silenzio più assordante dei media e istituzionale, ha ricevuto Soros a Palazzo Chigi.

Comprendiamo la "filosofia" di Soros: la "grande invasione" e "la grande sostituzione" di cui sopra spiegavamo il substrato ideologico servono alla sua idea di ultra-capitalismo per abbassare i costi della forza lavoro, creando lotte orizzontali tra gli ultimi. Imponendo subdolamente un nuovo profilo planetario dell'uomo "senza radici" e senza storia, in perenne migrazione e precarietà mentale, schiavo del capitalismo finanziario selvaggiamente speculativo. Alla Soros, per l'appunto.

Il tutto, **funzionale alle logiche delocalizzanti** del capitale finanziario nella società liquida. A proposito, nulla è trapelato dell'incontro. Che strano, no?

E ancora, a proposito: sarà una montatura, sarà una fake news e una bufala, come volete voi, ma ci sarebbe sempre Soros dietro l'abdicazione di Papa Benedetto XVI, dietro l'uccisione di Gheddafi in Libia e dietro alla caduta di Mubarak in Egitto. Per le medesime finalità: far invadere il sud dell'Europa, creando un bacino di disperati pronti a lavorare da schiavi, bloccando la concorrenza cinese.

L'assassinio del colonnello Gheddafi, in particolare, sarebbe stato essenziale per facilitare l'ingresso nel Mediterraneo dei combattenti dell'Isis e, grazie ai loro attentati terroritici in Europa (tranne l'Italia, che fatalità), giustificare – di fatto - una dittatura. Retroscena al di là delle Sacre Mure Leonine: dal 1° gennaio all'11 febbraio 2013 la banca vaticana, lo Ior, è stata espulsa dal sistema di pagamento internazionale bancario. I bancomat della Santa Sede furono bloccati. Un po' come accadde in Grecia alle votazioni sulla Grexit. La Deutsche Bank, incaricata di gestirne il funzionamento, ritirò i propri servizi. Con la falsa motivazione che l'antiriciclaggio aveva ritenuto lo Ior renitente agli standard stabiliti dalle autorità.

Tuttavia, il giorno appresso alle dimissioni di Ratzinger un istituto bancario svizzero ripristinò subito il funzionamento dei bancomat stessi. Le transazioni tornarono alla normalità. Che singolare tempismo, non credete?

Alcuni prelati romani sostengono che dietro le dimissioni di Papa Ratzinger ci sia proprio stato un ordine perentorio di Soros, con la complicità di ambienti vaticani massoni. Bufala? Complottismo ad alto tasso alcolico? Montatura da leoni della tastiera?

Sia come sia, sarebbe uno scenario decisamente diabolico, considerando la "location".

Intanto, in una lettera aperta al nuovo Presidente Usa Trump, è esternata la "grande preoccupazione e angoscia" degli ambienti cattolici internazionali sul pontificato di Bergoglio, sollevando altre "ombre demoniache" sulle dimissioni del 2013 di Ratzinger. E per Christopher Ferrara, Presidente dell'Associazione degli Avvocati Cattolici Americani, il cambio sul soglio pontificio sarebbe stato progettato da Obama per ordine di Soros. Quando la realtà – "Apocalittica" - supera la fantasia più sfrenata.

8

Tra populismo
e grillismo

Populismo. Questa espressione è divenuta, tutto sommato - crediamo - suo malgrado, la parola più tabuizzata ed ostracizzata del linguaggio politico 2.0. Insomma, una parolaccia immonda. Un termine pericoloso e minaccioso, per il quale viene chiesto il porto d'armi.

In particolare, la si tira quando non si sa più quale altra accusa lanciare verso il nemico di turno: e qui mette conto di sottolineare l'utilizzo che ne fa in modo dispregiativo la sinistra europea. Purtroppo o per fortuna, senza conoscere la sua origine.

La radice storica del termine populismo non è americana, come sostengono con pressappochistica sprovvedutezza alcuni sedicenti intellettuali progressisti e radical chic. Veri analfabeti di ritorno, altro che rieducatori delle inclite e volgari masse populiste.

Va messo in chiaro, allora, che il populismo ebbe origine in Russia alla fine del 19° secolo.

Pertanto, storicamente, populismo è il termine con cui è stato nominato in Occidente il movimento politico-culturale russo sviluppatosi nella seconda metà del 19° secolo. Un movimento che si protrasse sino alla rivoluzione di Ottobre.

Dunque, il populismo ante litteram è nato e si è sviluppato a partire dal filone positivistico della sociologia e del socialismo agrario.

In verità, i primi "populisti" erano soggetti animati da una profonda fede nel popolo russo. Erano contrari alla grettezza zarista ed erano propensi a saltare del tutto la fase dell'industrializzazione occidentale. Infine, fedeli interpreti della comunità agreste russa, essi aspiravano a far sorgere un vero socialismo rurale.

Ecco che la parola "populismo" sboccia tra gli intellettuali russi dell'epoca: quanto basta per palesare una sostanziale e disarmante ignoranza (se non malafede) che alberga nelle menti di chi vorrebbe essere guida del popolo europeo di sinistra verso un non meglio identificato Sol dell'Avvenire 2.0.

Veniamo al miserrimo dibattito politico italiano: alcuni esponenti del PD usano il termine "populismo" per attaccare ed insultare l'avversario. Come se nel momento stesso in cui essi gli appicciano addosso questo marchio d'infamia, il poveretto è automaticamente escluso del concesso civilizzato. Come se dirsi "populista" fosse una vergogna. Tanto per lui che per chi l'ha votato.

Che sorpresa, poi, a prendere atto che chi scaglia contro gli altri la prima pietra dell'immondo populismo, spesso fa parte di una congrega di intellettuali e politicanti senza dignità e molta demagogia. Una pletora di sedicenti "tecnici" e autoproclamati statisti sarebbero riusciti a garantire all'Italia la stabilità che la finanza speculativa cercava, impedendo che il "popolo sovrano" - per sua natura populista – si e ci facesse del male. Una fase storica che non a caso è stata definita come una "dolce dittatura", con annebbiamento della mente delle masse da parte dei media di regime. Ed è il regno della cosiddetta "democrazia confiscata".

Di fatto, il concetto di populismo fatica ad imporsi in sede scientifica. Frutto di un vissuto contraddittorio, un destino fatto di fiammate improvvise di popolarità e altrettanto repentini blackout nell'oblio. Alla fine di questo percorso, il populismo è divenuto una "parola-rumore" nello stile della neo-lingua di Orwell. Una parola poliedrica, a cui ognuno attribuisce il significato che più gli aggrada.

In verità, il populismo non si è storicamente identificato e incarnato in un tipo omogeneo ed omologato di regime politico. Non ha presentato contenuti omogenei nei movimenti che ne sono stato veicolo. E in ultima analisi il populismo a nostro giudizio non può essere ridotto e ricondotto né ad una articolata ed organica visione del mondo; né ad un programma politico integralmente condiviso. E purtuttavia, questa incompatibilità all'omologazione non rende impossibile coglierne una sorta di essenza unitaria. Perciò, l'unitarietà e polisemia della locuzione populismo ci costringono a fare uno sforzo di equilibrismo mentale.

Vediamo la prima radice: la virtù risiede nella gente semplice, che è la stragrande maggioranza e nelle sue tradizioni collettive. La seconda: dare rappresentanza a questa "base popolare" con atteggiamenti che spaziano dal moralismo, al rifiuto delle burocrazie e delle oligarchie più o meno illuminate, affidandosi a "leader" carismatici che ostentano diffidenza verso gli intellettuali, il potere finanziario e bancario e qualunque establishment. Contrapponendo a tutto ciò il fatto di essere depositari di una coscienza sociale collettiva, animata dal buon senso e guidata dall'orgoglio di appartenenza.

In estrema sintesi: in base alle premesse sopra esposte, il populismo corrisponderebbe ad un sistema ideologico e organizzativo che si incardina su due principi base: primo, la supremazia della "volontà del popolo" su ogni prescrizione e sovrastruttura istituzional-politica; secondo, il desiderio di una relazione diretta e non mediata tra popolo e leadership.

Il populismo, in particolare, torna in auge ogni qualvolta si sviluppi una crisi politica e sociale, con le sue lacerazioni e i suoi strappi. Con il suo naturale richiamo anticlassista, il populismo (apparentemente) disinfetta e cicatrizza le "ferite" del conflitto sociale o dell'ingiustizia perpetrata dai forti e disonesti a spese dei deboli e onesti. Ridando alla collettività quantomeno l'illusione della restituzione allo stato di una primordiale e arcadica verginità morale, in realtà – lo sappiamo, non ce lo nascondiamo - mai esistita, nella sua presunta adamantina interezza. Né per i singoli, né – a maggior ragione – per interi popoli.

Questo si è verificato, per esempio, tra gli anni Trenta e Cinquanta del Ventesimo secolo, segnatamente in una America Latina in fase di tumultuosa, violenta e convulsa modernizzazione.

In quella terra, il nazionalpopulismo è servito come base alla mobilitazione e fanatizzazione (e motivazione) ideologica di grandi settori della popolazione, fino ad allora estranei alla politica ed esclusi dalla vita politica attiva della varie società nazionali. In definitiva, rendendo meno traumatico il devastante processo di industrializzazione. E così transitiamo da quel populismo agrario ottocentesco, di origine russa, a quello politico urbano che ne prende l'ideale testimone dalla storia. Un passo avanti. Il populismo, in sé, non è né democratico, né antidemocratico. Diciamo che, in quanto veicolo e vettore per convincere i cittadini che non digeriscono la politica convenzionale e non nutrono alcuna passione per essa, il populismo è funzionale a creare le condizioni minimali per rendere possibile l'allargamento della base di partecipazione, non già e non tanto – ovviamente - nella gestione diretta della cosa comune (appannaggio del nuovo apparato), quanto in termini di legittimazione del sistema attraverso il consenso popolare.

Ci si è chiesti in tutte le salse se il populismo sia pertanto – quantomeno in linea teorica - compatibile o non incompatibile con la democrazia, i suoi riti, le liturgie e regole, intendiamo scritte e non scritte.

Qui in ApocalyspEuro noi potremmo quasi azzardare che il populismo sia proprio una specie di "gioco al rialzo" - più o meno azzardato e spericolato - delle attese e delle aspettative democratiche delle genti, in precedenza deluse. Avendo peraltro la propria fonte nel cuore stesso della democrazia rappresentativa: cioè, la sovranità popolare.

Tuttavia, se lo osserviamo solo un filino di sbieco, diciamo da un diverso angolo visuale, ecco che il populismo ci sembra, quasi al contrario, un'ombra proiettata dalla stessa democrazia sul suo stesso destino di auto-disprezzo ed autodistruzione.

Quella populista è una sfida lanciata alla democrazia sul suo terreno, nel nome dello smascheramento del potere elitario. Ovvero, il bluff di un sistema in cui al popolo è consentito di votare, ma il potere reale è convogliato lontano dal popolo, verso una élite più liberale ed illuminata. Un sistema in cui la sovranità popolare non è altro che una "menzogna necessaria", un "elaborato sotterfugio" sostenuto ed alimentato da false promesse. Populismo, secondo quanto scriveva sul blog di Grillo nel 2013 il professor Paolo Becchi, non sarebbe altro che il nome retorico del profondo, irrisolto malessere di un'Europa malata. Ovvero, l'Europa dei finanzieri massoni e dei banchieri della speculazione finanziaria più sordida e spregiudicata. Cioè, l'Europa del partito unico dell'Euro. Mosso da una forza oscura e trasversale, senza la fonte di una legittimità democratica, formato dalle consorterie tecnocratiche partorite dai poteri forti. Il "blocco" che sta riducendo milioni di cittadini europei alla fame e alla emarginazione sociale.

Il professor Becchi in passato aveva preso in esame critico l'etichetta "populismo" che è stata assegnata al Movimento 5 Stelle, ovviamente allo scopo di neutralizzarne il potenziale e screditarne la matrice di fondo.

La sua riflessione prendeva l'abbrivio dalle velenose polemiche che ciclicamente chiamavano e chiamano in causa la classe dirigente "grillina" e che giocoforza – lo prevediamo anche noi – saranno destinate a rinfocolarsi e crescere di violenza ed intensità, con l'avvicinarsi delle prossime elezioni politiche. Un orizzonte, crediamo, non così remoto, dopo l'esito delle recenti primarie del PD e la rielezione di Matteo Renzi. Che non ha perso tempo, iniziando una azione di logoramento del Governo Gentiloni – secondo una scuola di pensiero già una sorta di esecutivo fantoccio sotto tutela renziana - a partire dalla discutibilissima legge in materia di "legittima difesa", che per il fiorentino avrebbe soltanto conseguito l'effetto di "far incavolare tutti". Dopodiché, vi è stata la scivolata dell'emendamento al disegno di legge sulla concorrenza, che elimina il requisito del consenso preventivo per le chiamate promozionali. Altra causa di colossali "incazzature" collettive dei consumatori (ed elettori). E infatti Renzi, fiutando l'aria che tira, ha subito chiosato on line: "Un'altra norma che fa incavolare la gente". Peraltro, Renzi su questo emendamento affibbia la "colpa" e primogenitura proprio all'M5S: "Lo hanno voluto loro, però poi si sono sfilati e adesso, se lo teniamo, lo mettono in carico a noi" avrebbe detto al capogruppo del PD alla Camera, Rosato.

Ed anche se l'ufficio stampa di Renzi si affanna nell'azione di spegnimento del "fuoco amico", asserendo che "la preoccupazione" dell'ex premier per la situazione del governo e della maggioranza non ha fondamento ed è frutto di ricostruzioni fantasiose", resta che per il capintesta dem. "non è pensabile andare avanti un altro anno così. Non si può continuare – sarebbe sbottato con i fedelissimi del solito giglio magico – ma come vengono gestite le cose? Un anno così confuso non lo reggiamo". Quindi.

Non è peregrina l'ipotesi delle elezioni anticipate, verso ottobre 2017. Ed è aria di voto anticipato quella che in questa stentata (meteorologicamente) primavera si respira dalle parti del Nazareno, a Roma. Sarà lui a staccare la spina al Governo Gentiloni? Può essere, ma è fondato credere che non dovrà apparire lui a farlo, per evidenti ragioni di etica politica. Specie dopo quanto accaduto col il famoso hashtag renziano "#Enrico-staisereno" e conseguente caduta di Letta, nel 2014. Per la serie, l'antichissima ma sempre attuale arte di tradire e quella di farsi tradire.

Statene certi: le prossime elezioni si celebreranno con un convitato di pietra. Il fantasma del populismo. La paura che si affermi un movimento come l'M5S che è in aperta e dichiarata avversione ed opposizione a "questa idea d'Europa", l'UE dei banchieri e dei burocrati, prodotto ed al servizio della oligarchia economico-finanziaria che si è insediata ai vertici di Bruxelles.

Il M5S ha posto nella propria agenda politica, infatti, l'esigenza ineludibile e non più rinviabile di mettere in discussione questa architettura oligarchica che spadroneggia nella UE attuale, imponendo l'esigenza di una Europa dei popoli, non più delle "grandi elites finanziarie".

Pertanto, come spiegava lo stesso Becchi: "Il populismo in sé non esiste. Esistono i populisti, che tra loro non hanno, talvolta, nulla in comune, e che possono esprimere, di volta in volta, movimenti radicali di protesta, forme politiche reazionari. Il populismo – continua Becchi – non è una teoria politica: è, piuttosto, una sindrome – una serie di sintomi, di segni indicativi di una malattia. E' ciò che esprime un malessere che cova all'interno della società, che lo porta di volta in volta in forme diverse alla luce".

Insomma, stando a queste premesse, il M5S incarnerebbe, secondo i suoi detrattori, la "versione italiana del populismo 2.0".

Va aggiunto però che Becchi in seguito ha preso le distanze dal M5S: "Credevo – ha detto il filosofo – che il Movimento 5 Stelle fosse davvero un movimento antisistema, per rovesciare l'Italia come un calzino. Sembrava che entrati in Parlamento dovessero aprirlo come una scatoletta di tonno e invece si sono chiusi loro come tonni in una scatoletta". Lentamente, quindi, l'ideologo ha reciso il cordone ombelicale che lo legava al movimento di Grillo, convintosi in corso d'opera che il movimento si sta trasformando in un partito ibrido, nel quale si cerca di fare convivere diversi aspetti.

Troppi e troppo eterogenei, par di intuire. Con una bella e ardita giravolta, Becchi si dice adesso invece affascinato dal progetto di Matteo Salvini: "Grillo è diventato un ologramma pure lui. Forse era inevitabile che il movimento si istituzionalizzasse, ma il sogno è finito. Considerata la sua incapacità a governare, il M5S si affiderà a tecnici che faranno in buona sostanza quello che l'UE dirà loro di fare. Per questo – aggiunge un "pentito" Becchi – occorre ripartire da una Lega Nazionale. Solo la Lega ha le carte pulite per provare a salvare l'Italia. Sinora – Becchi conclude il suo j'accuse – Salvini può giocare la sua coerenza e criticare il M5S sui temi dell'euro, dell'UE e della politica sull'immigrazione, mostrando tutte le ambiguità delle posizioni del Movimento 5 Stelle e la sua mancanza di una chiara e netta linea politica. Oggi, in fondo, chi vota M5S lo fa solo perché non ha alcuna alternativa. Salvini dovrà aprire ad altre forze, sulla base di un accordo programmatico che ponga al primo posto l'uscita dell'Italia dall'euro. Lo spirito delle nazioni soffia di nuovo forte in Europa".

A dirla tutta, gli intellettuali a volte sono come certi libertini del '700, un po' troppo volubili e mobili. Facili agli innamoramenti e altrettanto lesti nel disilludersi. Cambiando destinatario delle loro disinteressate attenzioni.

In particolar modo, il "nuovo" giudizio di Becchi sull'M5S soffre paradossalmente, a nostro modo di vedere, della stessa "sindrome" che egli in una prima fase poneva alla sbarra: la pretesa di affibbiare etichette a ciò che non si comprende o, peggio, si teme, intuendo il potenziale di una "diversità" che, al contrario, si dovrebbe imitare. Spronare. Incitare. Sostenere. Non già combattere.

In realtà, infatti, questa "strana alleanza populista"

M5S-Lega si potrebbe azzardare sia nei numeri e nei fatti. Secondo qualcuno, nell'ordine naturale delle cose. La posta in gioco, è il governo del Paese. Vi sono identità e assonanze di posizioni, sulla politica economica, la lotta alla burocrazia, la lotta alla corruzione, la sovranità monetaria ed il signoraggio, l'immigrazione e le politiche in materia di sicurezza.

Il 23 dicembre 2016, sul suo blog, Grillo scriveva: "Chi ha diritto di asilo resta in Italia, tutti gli irregolari devono essere rimpatriati subito, a partire da oggi". E persino in tema di manipolazione e subornazione della pubblica opinione da parte dei media di regime e di magistratura politicizzata, possono essere riscontrate affinità di fondo.

Come è stato scritto: "Fino al voto, Grillo e Salvini faranno finta di darsele di santa ragione. E infatti ancora dal blog di Grillo partono attacchi di questo tipo: "Salvini, Meloni, mangiate tranquilli. Il MoVimento 5 Stelle non fa alleanze con quelli che da decenni sono complici della distruzione del Paese".

Se le parole di Salvini sembreranno quelle di Grillo e viceversa è perché entrambi parlano lo stesso linguaggio, per lo stesso potenziale elettore. Per dirla tutta, potremmo aggiungere che, in realtà, la base leghista risiederebbe nel ceto medio produttivo del Nord-Est, mentre la base dei pentastellati sarebbe radicata in un magma sociale ed economico molto meno definito e circoscrivibile a priori, privo come sembra di contorni precisi.

Intanto, su un altro piano, tutti e due i leader farebbero un altro gioco. E tratterebbero, senza preclusioni. Persino un premierato Appendino, con Salvini Ministro dell'Interno. E in verità, secondo noi la discussione all'interno dei vertici dell'M5S è aperta, proprio sullo scenario di fantapolitica che abbiamo appena tracciato:

con la sindaca di Torino candidata alla premiership, i consensi del Movimento crescerebbero di 5 punti percentuali, dal 31,5 al 36,5%. Agli opinionisti, più o meno autonomi e liberi, possiamo suggerire di osservare con occhi limpidi i prodromi di un cambiamento che appare in parte già in atto: tutto è oggidì in grande, frenetico movimento, non solo il Movimento 5 Stelle.

Il terremoto Trump infatti è destinato a sconvolgere gli equilibri ed assetti di potere in Europa. E il vento del populismo potrebbe ingrossarsi sino a diventare così impetuoso da travolgere e stravolgere ogni previsione. Una "ApocalyspEuro" che accadrebbe sulla spinta del violento tramonto della globalizzazione, vissuta fino a qui come un dispotico feticcio, un arrogante totem, un dio pagano intoccabile e unicamente da venerare. Davanti al cui altare genuflettersi, cospargendosi il capo di euro.

Gli Usa cambiano, poiché la maggioranza dei cittadini americani ha deciso di cambiare. E se cambiano gli Usa cambia il mondo. Europa compresa. Trump considera "questa UE." un mostro insopportabile: questo suo giudizio di valore darà nuova linfa alle forze euroscettiche. Trump odia una globalizzazione che ha messo sul lastrico la middle class Usa. E infatti, come scrivevamo nel capitolo dedicato alla Cina, Pechino teme come la peste che la "nuova America" inizi a piazzare i dazi che stronchino la competitività della proprie merci.

Senza essere Maghi Otelma, prevediamo che tornerà in auge uno spirito nazionalistico, identitario e sovranista, che punta a riappropriarsi del destino delle singole popolazioni e che – come stiamo spiegando - viene bollato all'ingrosso come "populista".

Il fallimento di "questa" globalizzazione senza regole,

inoltre, è sotto i nostri occhi: con gli Usa di Trump non più imperialista, ma isolazionista, la globalizzazione perderà altro terreno e potere coercitivo sui popoli, che in questi anni ha letteralmente piallato e annichilito. Nel nome del consumo e della produzione uniformi ed imposte ovunque a chiunque, a dispetto delle svariate diversità nazionali, vera ed unica ricchezza di ogni popolo che si rispetti. E in Italia?

Beh, anche da noi l'effetto-Trump è destinato a produrre conseguenze ed effetti dirompenti. Destabilizzanti. Il populismo potrebbe mettere radici solide, più di quanto si sarebbe potuto paventare solo pochi mesi fa: la partita si giocherà su questi temi e questa impostazione di fondo, al di là delle prevedibili schermaglie.

La Lega, pertanto, potrebbe giocare un ruolo di guida e capofila del nuovo centro-destra post-Berlusconi. Sennò? In mancanza di alternative moderate, al netto di una nuova legge elettorale tutta da vagliare, gli italiani potrebbero premiare proprio il M5S. Vedendo nella forza politica di Grillo e Casaleggio l'unica credibile forza anti-sistema, dell'unico "trumpismo all'italiana".

A meno che non prenda forma la "strana alleanza" di cui dicevamo poco prima. Ma, comunque la si voglia vedere, la domanda di fondo è questa: il M5S ci salverà dall'"Occidentali's Dramma" - come recita il sottotitolo di questo libro - o ci condannerà del tutto al declino ed alla estinzione?

M5S, salvezza o perdizione ?

Populismo, politica e morbillo: è il titolo di un editoriale del New York Times di inizio maggio 2017: è rivolto a Luigi Di Maio che, nel suo road show da candidato premier M5S in pectore, è sbarcato negli Stati Uniti.

Ed ecco l'accoglienza di uno dei più autorevoli quotidiani americani, Il New York Times. Che si scaglia contro il Movimento 5 Stelle, con le accuse di populismo e per la battaglia contro i vaccini.

Il potente giornalone che non aveva capito un tubo di Trump e dell'America profonda che stava per scatenarsi e travolgere come un fuscello Hillary e compagnia cantante, ora mette nel mirino il Movimento 5 Stelle, ammonendo gli italiani sul pericolo che in questi tempi di post verità possano rappresentare "le bugie, le teorie cospirative e le illusioni diffuse dai social media e dai politici populisti".

Tra gli esempi citati, l'opposizione ai vaccini che avrebbe cagionato "una grave diffusione di morbillo in Italia e in alcuni altri Paesi europei" (sic).

Il New York Times ricorda che pure Trump avrebbe alimentato lo scetticismo sui vaccini, assecondando l'ipotesi - infondata secondo la scienza - di un legame tra le vaccinazioni e l'autismo. "In Italia - scrive il quotidiano statunitense - il movimento populista Cinque Stelle (M5S) guidato dal comico Beppe Grillo ha fatto attivamente campagna su una piattaforma anti-vaccini, ripetendo i falsi legami tra vaccinazioni ed autismo. Per questi e altri scettici, la diffusione del morbillo in Italia dovrebbe suonare come un allarme forte" ammonisce il Nyt citando l'aumento dei casi dal 2015. "Combattere lo scetticismo sui vaccini - conclude il quotidiano - non è facile, perché neppure gli innumerevoli studi sanitari che negano qualsiasi legame tra vaccini e autismo sono riusciti a penetrare la coltre distesa da Grillo e persone come lui".

Le affermazioni del Nyt, replica il leader del Movimento, Beppe Grillo, sono una balla. A sostegno di questa balla non c'è nulla, neppure un link, un riferimento, una dichiarazione. Nulla. Non c'è perché è una balla", scrive sul suo blog Grillo, accusando il giornale di 'fake news. Il danno più grande che posso aver fatto per il diffondersi delle malattie infettive - scrive Grillo - è stato contagiare qualche bambino da piccolo, ma non essendoci più i miei non posso verificare, forse possono farlo i segugi del New York Times".

Questo il preambolo a questo capitolo proprio sull'M5S: troviamo l'entusiasta ed ospitale accoglienza del NYT piuttosto significativa, sul livello di pressioni, minacce, trappole, trabocchetti, accuse, processi alle intenzioni e ostacoli di ogni foggia, che il M5S trova e troverà sul proprio cammino. E sul proprio delicato percorso di crescita e maturazione. Dagli esiti non scontati, né in un senso, né nell'altro. Checché se ne dica.

C'è chi – dopotutto siamo o non siamo il Paese di messer Niccolò di Bernardo dei Machiavelli? - sostiene che, in Italia come all'estero, molti o forse tutti i partiti antisistema in realtà siano partiti che raccolgono consenso di chi, tra la gente, è effettivamente antisistema. Per poi assorbire, ottundere, soffocare e in definitiva rendere inerte ed innocua la protesta. Così proteggendo il sistema stesso dagli attacchi esogeni più pericolosi. Creandone, vigliaccamente, i più efficaci anticorpi contro la ribellione dilagante come un virus sociale: cosa c'è di più politicamente ignobile, infatti, che turlupinare i cittadini facendogli credere di essere ciò che in realtà non si è? Addirittura il proprio contrario?

Questo sarebbero i grillini del M5S? Una sorta di quinta colonna creata dal potere forte, per tenere a bada "la piazza"? La tesi è ovviamente propugnata con assidua ferocia e metodicità da chi, i pentastellati, li vede come il fumo negli occhi. E però, basta questo tenace preconcetto per archiviare come "fake news" l'interpretazione malevola scagliata contro il M5S e la loro buona fede e lealtà verso un elettorato che è – sondaggi alla mano (e nonostante l'effetto-Raggi a Roma) - in rapida e costante espansione? E basta definirlo tale, pregiudizio per l'appunto, per arrivare alla conclusione assolutoria e liberatoria, diametralmente opposta?

Possiamo testimoniare la perfetta buona fede dei parlamentari Grillini in Commissione Finanze, su materie quali moneta e banche. E possiamo aver constatato che non solo si sono impegnati e si stanno impegnando senza riserve nell'accertamento della verità e anche contro gli interessi e i poteri forti, ma anche che non sono stati bloccati o inibiti dai capi del loro partito. Ma ciononostante, il quadro non muta.

Come mai? C'è un libro poco noto (ma che fatalità) del filosofo Jean-Paul Sartre. Si intitola "L'ingranaggio". Descrive molto efficacemente ciò che accade intorno a noi. Un meccanismo mostruoso e inesorabile, qualcosa a cui non è materialmente possibile sottrarsi. Che "trascende ogni mio controllo", come dice il Conte Valmont, protagonista delle "Relazioni pericolose". Aggiungendo peraltro "sono un uomo libero ed esco dalla porta principale".

Dato che l'Italia non è più uno Stato sovrano, cioè per restare a Valmont non è "libera di uscire dalla porta principale" - ammesso e non concesso che lo siamo mai stati, sovrani di noi stessi, nella nostra storia gremita di tradimenti e occupazioni - è sottoposta a ferree direttive omologanti, che provengono da centri di comando e di potere esteri e sovente occulti e privi di qualsivoglia controllo – balance of power, bilanciamento di poteri - essenza e cardine di una vera democrazia decidente. L'Italia pertanto è tenuta a rispettare un certo sistema di interessi internazionali. Che ci sovrastano. La libertà ed autonomia di cui dispone il nostro sistema politico di rappresentanza legale del popolo reale (e in teoria ancora sovrano), è molto ristretta.

Perciò, i partiti che protestano contro "quel" sistema che sta portando il Paese alla dilagante miseria dei più e alla smisurata ricchezza dei pochi, sostenendo a ogni piè sospinto di volerlo sovvertire e cambiare, in realtà sanno benissimo che non lo potranno fare. Se è vero, come è vero che, storicamente, ciò "non è" mai accaduto, quando forze politiche e movimenti di protesta anti-sistema sona andati al potere.

Naturalmente, "quelli temporalmente successivi" asseriscono di costituire una netta e recisa discontinuità, con "tutti quelli che ci sono stati prima e hanno disatteso le promesse solennemente fatte ai propri elettori".

Si tratta di movimenti dal basso e forze politiche che utilizzano la protesta e le sue energie, calamitandole con il formidabile magnete della promessa di mutare le cose una volta per sempre.

Il passato ci affida una lezione, terribilmente pragmatica e disilludente: quando queste forze anti-sistema sono ascese al potere, hanno iniziato a gestirlo professionalmente, né più e né meno come gli altri partiti. Di fatto sostenendo e puntellando il sistema, che invece promettevano di ribaltare, sia con il voto, che con l'azione di governo.

Per questo, secondo una linea di pensiero, non avrebbe senso alcuno di chiedersi se, stavolta, il Movimento 5 Stelle sarà "la salvezza o la perdizione dell'Italia", come abbiamo intitolato – financhè con una spolveratina di provocazione - questo capitolo del nostro libro. Per cambiare davvero le cose in Italia bisognerebbe che cambiasse, prima, il sistema di cui e in cui l'Italia è parte dell'ingranaggio, per restare alla metafora sartriana. Leonardo Sciascia diceva sempre che un pessimista è solo un ottimista bene informato: siamo un popolo, una comunità nazionale ed un Paese sottomesso. Anche se a volte facciamo finta di dimenticarcelo.

La verità di questo assunto, per quanto crudo e sconfortante vi possa sembrare, è confermata, a nostro parere, da un dato di fatto di evidenza solare: tutti i partiti del quadro costituzionale, che si dicono "riformisti o riformatori", quando entrano nella famosa stanza dei bottoni, poi ci avvertono: "Ohibò, non ci sono i bottoni!". Mettendo le mani avanti e annunciando – contrordine compagni! – che non sarà semplicissimo mettere in atto quanto strombazzato ai quattro venti, in tv, nelle piazze oppure on line.

Quante volte è già successo? Forze politiche di opposizione, passate al governo hanno sistematicamente, inesorabilmente vilipeso i propri programmi e soprattutto i loro elettori e attivisti sinceri. Lasciando cadere nel nulla, nel vuoto i temi più antisistema. Dalla riforma liberale dello Stato, al taglio draconiano della spesa pubblica parassitaria, alla secessione tonitruante, ai vaccini, sino alle scie chimiche.

Alla fine della fiera, quando sono al governo, queste forze e chi le incarna non realizzano praticamente nessuna delle riforme promesse. Non prendiamoci in giro. Le decisioni cruciali e decisive per l'Italia non si prendono in Italia.

Il nostro Parlamento è impotente: esso riceve gli ordini e le direttive dall'esterno, è dunque un organismo elettivo ma eterodiretto (contraddizione in termini) da centrali di potere non elette da alcuno, fuori dai nostri confini nazionali.

E' perciò che, al netto di un confessato e non sconfessato scetticismo, non già manieristico ma istintuale, noi onestamente non abbiamo trovato la risposta comoda alla domanda cruciale. Non vogliamo cavarcela furbescamente a buon mercato, la domanda delle cento pistole è destinata per adesso a restare irrisolta: se cioè, questo giro, il M5S di Grillo e Casaleggio Junior sia – una volta andato al potere, come in effetti potrebbe avvenire quando potremo finalmente andare alle urne politiche – la "salvezza o perdizione" per l'Italia e gli italiani.

Ma in questo libro vogliamo dare credito alla autenticità di questa iniziativa, fidandoci della sincerità, buona fede e onestà di chi ha dato vita a questa forza, la vera novità politica degli ultimi anni.

Per farlo, prendiamo a prestito alcune considerazioni del sociologo Francesco Alberoni, in "Genesi. Come si creano i miti, i valori, le istituzioni della civiltà occidentale" (Garzanti, 1989): "Nello stato nascente noi ci sentiamo liberi. Liberi dai condizionamenti esterni della società ma, soprattutto, liberi interiormente. Finalmente riusciamo ad esprimere i nostri più autentici desideri, qualcosa di essenziale che era rimasto celato, mortificato. Qualcosa che avevamo dimenticato perfino di avere, anche se era la nostra essenza più intima, più personale. Libertà, nello stato nascente, non significa possibilità di scegliere fra due alternative entrambe, in definitiva, prive di importanza, come mangiare la carne o il pesce. Ma liberi di andare dove è importante andare, di cercare quanto è essenziale cercare. La libertà della vita /quotidiana è la libertà dell'indifferenza. E' sovranamente libero soltanto colui che non desidera nulla e può rinunciare a tutto. La libertà dello stato nascente, invece, è la libertà del desiderio. E' libero chi desidera più intensamente perché sa che cosa vuole, e può raggiungerlo. Nella vita quotidiana è libero chi si distacca dalle cose, chi si sottrae alle forze che agiscono nella natura e nel sociale. Nello stato nascente, invece, è libero chi si getta più profondamente nel mondo, nella vita, nel sociale, chi si lascia attraversare dalle forze creative che lo sorreggono e lo creano. Nello stato nascente il soggetto si sente fino in fondo attore, eppure, nello stesso tempo, egli è agito. Partecipe di una potenza che lo trascende. Fa parte di un flusso vitale infinitamente superiore a lui ma di cui, miracolosamente, si sente nello stesso tempo l'interprete e la voce. Il politico, nello stato nascente, è attore di una volontà storica totalmente, autenticamente sua, ma che deve seguire".

Vogliamo credere, infine, che questo stato nascente e questa volontà possano portare lontano il MoVimento 5 Stelle, addirittura nella speranza contro la speranza. Spes contra spem, come usavano dire Giorgio La Pira e Marco Pannella: se non "hai" speranza, "sii tu speranza". E come deriverebbe da un passaggio di Paolo di Tarso in riferimento alla fede incrollabile di Abramo: "Egli ebbe fede sperando contro ogni speranza e così divenne padre di molti popoli, come gli era stato detto. Così sarà la tua discendenza" (San Paolo, Lettera ai Romani, 4,18) .

Abbiamo il convincimento, del resto, che poiché nella storia dell'uomo niente è eterno e per sempre, tutto deve ancora essere scritto. Compreso un futuro che ci appare minaccioso.

9

Je suis Macron,
il voto francese

Monsieur Emmanuel Macron è il nuovo presidente della repubblica francese. Il particolare anagrafico ci dice che è il più giovane, dall'epoca di Luigi Napoleone. Lo diventa - una grande novità della storia francese -, senza avere un tradizionale partito strutturato alle proprie spalle. Ma semmai potendo contare su qualcos'altro, di più liquido e ambiguo potremmo dire, che proveremo ad analizzare ed inquadrare. Pur con le difficoltà di messa a fuoco del caso.

Vediamo subito i dati numerici definitivi del ballottaggio per la conquista dell'Eliseo: Macron 66,1%, Marine Le Pen 33,9%.

Macron ha raccolto 20.753.704 voti, Le Pen 10.643.937. Come si vede, la leader del Front Nazional (che presto cambierà nome), ha messo assieme una quantità di voti impensabile per suo padre, Jean Marie.

E qui diciamo subito che, a nostro giudizio, l'errore di fondo (ed esiziale, alla luce del suo rendimento elettorale) commesso dalla Le Pen, è stato quello di enfatizzare a dismisura la sua intenzione di uscire dall'euro, mandando in malora "questa" UE. Non che i francesi, nella stragrande maggioranza, non fossero in sintonia con lei. Solo che, alla fine della fiera, nella testa del pensionato Cristophe e della di lui consorte Adeline, si è solidificata una angoscia che, come ogni angoscia – vero buco nero centripeto – ha risucchiato e fagocitato ogni altra variabile in campo: "Se vince "quella là", vanno a farsi fottere tutti i nostri risparmi di una vita. Non è il caso". Non tiriamo in ballo i nobili ideali anti fascisti e compagnia cantante. In queste occasioni, prevale l'istinto di sopravvivenza della "propria roba".

Altro che l'europeismo convinto: Antani, blinda la supercazzola prematurata con doppio scappellamento a destra; direbbe il Conte Mascetti di "Amici miei".

Correlatamente a questo sbaglio clamoroso, la La Pen secondo noi non ha dato abbastanza voce al bisogno identitario e sovranista dei francesi, con una offerta chiara e seria di dignità di rappresentanza alle paure dei francesi di smarrire ogni residuo della propria storia nazionale. Tramortita e travolta dalla Grande Sostituzione in atto. Perché **non si governa con la paura**, ma si vince riconoscendone i sintomi nell'elettorato medio. Due errori che le sono stati fatali.

Il primo dato da estrapolare, perché risulta essere dal nostro punto di vista molto significativo è quello dell'enorme astensionismo: 25,44%. Non meno interessante, per dare un giudizio compiuto, è un altro dato, riconducibile anch'esso al non-voto di protesta: 3,01 milioni di francesi hanno votato scheda bianca. Mentre, infine. 1,06 milioni sono stati i voti nulli.

La Francia ha scelto di dare fiducia a questo parvenu quarantenne, ma un pezzo ingombrante del Paese transalpino **non crede in lui**. Lo dicono i numeri, non noi due. Di più, la scarsa affluenza alle urne e le schede bianche sono il segno che ai francesi non piaceva né Marine Le Pen, né Macron: Come dover scegliere tra la fame e la sete. Bell'imbarazzo, non è vero cari lettori?

E del resto questo passa il convento francese: da un lato, una "assatanata" antieuropeista – come è stata descritta Marine - dall'altra uno sconosciuto succube "signor si" al mondialismo e all'establishment che governano il mondo con le banche, la finanza speculativa, la massoneria, i Soros ed i Rothshild.

Non stupisce inoltre, vista la sua base diciamo così socio-politica, che Macron abbia fatto incetta di preferenze a Parigi: 89,68%, con 849.251. Contro i 97.770 di Marine Le Pen: a Parigi ferma al 10,32%.

Le Pen conquista solo due dipartimenti: l'Aisne con il 52,91% (47,09% per Macron) e il Pas-de-Calais con il 52,05% (47,95% per Macron). Però ad Hénin-Beaumont, un po' il suo feudo, Le Pen ha raggiunto il 61,56% dei voti.

Alcune immagini rilanciate dai circuiti tv del mondo, sono destinate a restare impresse nella memoria: Macron, nella tarda serata del "trionfo", domenica 7 maggio 2017, arriva sulla piazza del Louvre, cuore di Parigi, per parlare ai militanti che lo attendevano per festeggiare la vittoria ormai riconosciuta dalla rivale. Una lunga camminata

L'immenso spazio della esplanade du Louvre, en face alla Piramide di vetro dell'era mitterrandiana, non lontano dal Carrousel, piccolo Arco di trionfo in linea con quello enorme e con il grattacielo della Défense, è il luogo prescelto per la celebrazione del trionfo da Macron, il più giovane presidente della V Repubblica francese. L'uomo senza partito che ha distrutto i partiti. Il leader politico che ha saputo fare barrage alla indomita Marine Le Pen, la paladina dei malesseri sociali, morali e antropologici che attanagliano la Francia, ma anche tutte le altre democrazie europee, in gravissima crisi.

Macron cammina con una lunga e solenne camminata verso il palco, sulle note dell'inno alla gioia di Beethoven. **Scelta musicale non casuale**: prima l'inno europeo, poi la Marsigliese. Gesto forte, in un Paese nazionalista e sciovinista come la Francia.

Colonna sonora "di rottura": non la Marsigliese – come era lecito aspettarsi – bensì le note scoppiettanti della nona sinfonia di Beethoven, l'inno alla gioia. Cioè, l'inno europeo.

Cosa cambia con la vittoria di Macron sul piano europeo? Nulla, diremmo noi. L'asse Franco-Tedesco con la Merkel detterà ancora legge.

Vedrete poi che il Paese "aperto" o "spalancato", che desidera e vagheggia Macron si tradurrà nell'aumento ulteriore dell'afflusso dei migranti dall'Africa e dall'Asia. Senza che venga minimamente presa in considerazione una politica di limitazione degli ingressi e di governo sensato e lungimirante del devastante fenomeno della cosiddetta "Immigrazione Forzata di Massa". O "Grande Sostituzione" delle popolazioni europee, come abbiamo raccontato in altra sezione di Apocalyps€uro.

La Francia, inoltre, dovrebbe continuare nella solita sudditanza prona e appecoronata verso gli USA, del resto come accade da sempre. Fatta salva forse una effimera parentesi con il generale Charles De Gaulle.

"Macrothschild", come è stato sprezzantemente chiamato dai suoi detrattori con una crasi onomastica, risulterebbe simile in tutto e per tutto ad altri prodotti "plastificati" del marketing politico attuale. Diciamo dello stesso brevetto del "nostro" Matteo Renzi.

Personaggi che paiono, a tutta prima, senza una propria consistenza politica e storica. **Sedicenti leader confezionati** ad hoc. E altrettanto facilmente surrogabili. Macron, in particolare, vincerebbe perché intercetterebbe - oltre ai desideri di protesta e di innovazione e superamento del sistema esistente - il bisogno di accettare e di non contestare la struttura profonda del "sistema". Nell'illusione di tenerselo buono e – sempre ingenuamente – di sperare che esso ricambi questa supina, acquiescente accettazione, concedendo il proseguimento del "ricordo" del benessere che fu. E della residua dignità dei cittadini europei, nella progressiva loro (nostra) "africanizzazione" imposta.

Macron, Renzi, Obama, se ci pensiamo, sono al tempo stesso contraddittori e rassicuranti. Rassicurano, perlomeno sinché non ne percepiamo la contraddittorietà pericolosa, minacciosa. Quel loro sembrarci, visti in tralice, delle creature "aliene" di quel sistema di potere globale finanziario e della finanza predatrice, che sono all'origine delle crisi economiche e migratorie che ci stanno travolgendo.

Sui social, dopo i festeggiamenti e la crapula del vincente protagonista di "En Marche!", in molti si dicono convinti dell'appartenenza di Macron a qualche ordine massonico. E c'è chi fa professione di geometrico complottismo, vedendoci del marcio finanche nelle linee che si possono tracciare tra lo sfondo con la famosa piramide del Louvre (resa anco più celebre dal "Codice da Vinci" di Dan Brown), e il primo piano di Macron che esulta, le braccia protese verso il cielo.

Ebbene, in queste presunte geometrie, costoro ci vedrebbero un "chiaro rimando al simbolo per antonomasia della massoneria": la squadra con il compasso. E siccome la Piramide del celeberrimo museo sarebbe un "**simbolo massonico**", ecco la prova dell'asservimento del fondatore di «En Marche!» agli Illuminati che comandano il mondo controllando le banche e la finanza globale. Un po' troppa fantasia?

Sia come sia, mentore di Macron è, com'è noto, Jacques Attali, definito da molti "un massone". Come scrive Mario Adinolfi, nuovo guru degli ultra cattolici pro-life: "Macron è un massone, la scelta di festeggiare davanti al simbolo massonico per eccellenza (la piramide) non è casuale. Inoltre è figlio politico di Jacques Attali, massone anche lui e soprattutto propugnatore di una salvezza della Francia che passa attraverso la spoliazione dell'Italia ad opera dell'Europa.

L'idea di cercare sponda in Macron, come fa Renzi, è semplicemente una mossa stupida. L'ex premier italiano si sbraccia su twitter, intanto la prima telefonata è quella con Angela Merkel. Oggi si rafforza un asse franco-tedesco che l'Italia pagherà a caro prezzo. E il bello è che nessuno lo capisce.

Merkel oggi è diventata regina d'Europa, meritandoselo intendiamoci, vista la pochezza degli altri leader politici europei. Italiani in primis". In un tweet successivo al voto Adinolfi rincara la dose: "Per la prima volta i francesi hanno eletto una donna alla presidenza della Repubblica". Tweet sibillino: il riferimento potrebbe essere alla moglie, Brigitte, di 24 anni più anziana, che avrebbe un ruolo decisivo nell'affermazione di Macron. Ma il riferimento potrebbe essere anche più pesante, tirando in ballo le insistenti voci sulla presunta omosessualità del nuovo presidente della Repubblica francese.

Ma un altro tassello della ennesima "teoria complottista", che vedrebbe in Macron un "fratello massone", sarebbe il suo discusso legame con i Rothschild, leggendaria famiglia di miliardari che - da secoli - viene considerata la mefistofelica, luciferina fautrice del complotto pluto-giudaico-massonico che ha portato – sta portando - alla completa disfatta dei nostri valori tradizionali.

Le cronache narrano che Macron avrebbe lavorato al servizio dei Rothschild per un biennio. Peraltro, pare, intascandosi la bella cifra di due milioni di euro.

Da qui il passaggio di Macron a ispettore delle finanze. Da lì poi il tuffo spericolato ma calcolato in politica, che lo ha portato sino alla conquista dell'Eliseo. Un percorso che sarebbe dovuto in gran parte proprio al legame con i potentissimi Rothschild. Un legame che ne farebbero un privilegiato ed un predestinato.

Infine, c'è il nome che è stato scelto da Macron (o chi per lui) per la sua neonata forza politica: "En March!". Cioè, in marcia. Che sarebbe un chiaro rimando a "Move.On", ovverosia l'organizzazione "Open Society" di cui George Soros – di cui abbiamo già ampiamente parlato e "sparlato" in Apocalyps€uro a proposito della Grande Invasione degli immigrati, **sarebbe il principale finanziatore e sostenitore.**

Come dicevamo, Soros da tempo immemorabile è al centro del mirino dei complottisti di ogni latitudine. Ve l'abbiamo già "presentato": imprenditore ebreo, miliardario e attivista ungherese naturalizzato statunitense, negli anni diventato "fautore del complotto ebraico-sionista".

Tempo fa Jacques Attali, economista ed ex consigliere di Mitterand, ha svelato di essere stato l'autore della scoperta di Emmanuel Macron: "Sono io che l'ho presentato a Hollande per farlo lavorare all'Eliseo".

Sul sito "citazioni e frasi celebri" troviamo questa "perla" attribuita proprio al "talent scout" Attali: "Cosa credono, che l'euro l'abbiamo creato per la felicità della plebaglia europea?". Non avevamo dubbi.

Insomma, se Macron entra all'Eliseo sarebbe merito (o colpa?) di un uomo-ombra, conosciuto per lo più dagli addetti ai lavori, europeista convinto.

Nel 2008, Attali aveva collaborato anche con Sarkozy, dimostrando di non avere pregiudizi politici, purché la Francia rimanesse saldamente a favore dell'UE e della moneta unica.

Nel 2016, Attali invoca una svolta radicale per la burocrazia di Bruxelles, attraverso il ripristino di politiche keynesiane e roosveltiane. Cioè, auspica la fine dell'austerity tecnocratica: guarda caso, la stessa promessa Hollande ai francesi nella precedente campagna elettorale. Un proposito, come abbiamo visto tutti, disatteso completamente.

Ancora: Attali scelse Macron – giovane, brillante e sconosciuto prodotto dell'Ena, la scuola dell'élite francese - per scrivere il rapporto "Liberare la crescita". E presidente era Sarkozy.

Dopo la vittoria del pupillo, Attali scrive: "L'unico pericolo, adesso è pensare che sia già finita". Come dire che la partita sarebbe ancora aperta e dovrà essere giocata "con intelligenza e attenzione alle ragioni dell'altra Francia, quella che esiste e che ha votato per Le Pen". E tra gli invitati alla festa della notte di domenica 7 maggio 2017, **Attali era in prima fila**.

Ultima postilla con riflessi sulla nostra situazione: per Attali la crisi del 2008 non era stata una semplice recessione ricorrente, ma una vera crisi sistemica del modello capitalistico occidentale del primo mondo, a causa dell'imponente, abnorme accumulo di debito, con corrispondente ad enorme creazione di credito bancario, per sostenere i consumi asfittici.

L'Italia – scriveva Attali in un libro successivo alla grande crisi – all'epoca era messa male a causa dell'enorme debito pubblico, con inevitabili crisi prospettiche. Nonostante questo Attali ammetteva che l'uscita dall'euro sarebbe stata utile all'Italia, ma questo avrebbe disintegrato l'EU e quindi gli interessi di Francia e Germania soprattutto a causa delle conseguenze del subprime, positivissime per Roma in rapporto alle altre capitali ex-coloniali europee (le cui banche erano tecnicamente fallite).

L'asse franco-tedesco della UE imputa sempre le colpe della instabilità alla Grecia e all'Italia. E' questo il preteso per l'austerità mortale che ci è stata imposta dall'EU franco-tedesca, via Mario Monti prima, Enrico Letta poi e Matteo Renzi in seguito. **Tutti e tre cooptati dall'EU franco tedesca.** Obiettivo: indebolire le nostre imprese nazionali, azzerare la piccola e media intrapresa – specie quella del Nordest, già spina dorsale dell'invidiato Miracolo Economico della locomotiva del Triveneto - e creando i famosi crediti inesigibili, i NPL.

L'asse franco-tedesco ci inocula il senso di colpa per poter abusare ad libitum di noi. L'Italia non è un Paese povero, ma ci vogliono convincere del contrario. Il declino non sarebbe ineluttabile, ma con certa politica politicante sì.

Domanda: Macron che farà? Si atterrà alle ricette economiche di Attali? In tal caso, probabilissimo, per salvare la Francia Macron darà sostegno ancora all'austerità, a tutto danno dell'Italia, che dovrà accettare la Troika.

Il Belpaese dovrà spogliarsi dei propri beni – svenduti all'euroasta - e dovrà accettare supinamente l'imposizione di una ulteriore tassazione, enorme, insopportabile – patrimoniali comprese – con gli imprenditori italiani economicamente "sterminati" con l'euroarma finale.

A quel punto, nel giro di un anno o poco più dall'uscita di questo nostro libro, **sarà il crack italiano.** Uno scenario apocalittico si staglia all'orizzonte, denso di foschi presagi e nubi cariche di sciagure: crisi finanziaria e bancaria, tasse ammazza-ripresa, patrimoniale, licenziamenti dilaganti, privatizzazioni e confische, taglio delle pensioni, della sanità e del welfare. I costi dello stato saranno superiori alle entrate, per cui per pagare le pensioni e la sanità dovranno imporre altre tasse, dirette ed indirette.

Una vera e propria "macelleria sociale".

Torniamo a Macron: egli in tempi rapidi dovrà adesso dare vita ad un governo credibile e di rottura al tempo stesso. Dovrà coagulare una maggioranza in Parlamento. Dovrà riformare il mercato del lavoro, rafforzando il contestatissimo Jobs Act alla francese (idea sua e del suo mentore Attali), sfidando i sindacati. Dovrà debuttare a Bruxelles e cementare l'alleanza con la Germania. Ma senza dimenticare di guarire la Francia dalla percezione di insicurezza, sotto la morsa del terrorismo islamista.

Infine, Macron dovrà alimentare l'illusione che le cose con lui e grazie a lui miglioreranno. Nulla di tutto questo sarà facile. Le parole d'ordine di Macron sono due: liberalizzazione e semplificazione.

Vediamo. Macron punta ad intervenire pesantemente sulle indennità che sono assegnate dai tribunali dei lavoratori (prud'hommes) a chi sia licenziato abusivamente ed ingiustamente: per Macron servono dei limiti, urge un tetto (come fatto da Renzi con i 24 mesi di stipendio massimi stabiliti dal Jobs Act), visto che gli imprenditori eviterebbero di assumere per paura di dover pagare cifre elevate.

Macron vuole di modificare la settimana lavorativa di 35 ore, in sostanza liberalizzando l'orario stesso e derogando all'accordo tra lavoratori e aziende per gli straordinari.

Macron punta ad introdurre il "diritto all'errore", cioè la possibilità di non essere sanzionati al primo richiamo dell'amministrazione se ci sono delle irregolarità nelle pratiche di imprenditori, agricoltori o dipendenti.

In agenda, anche la riforma dell'assicurazione per i disoccupati e la riforma dei periodi di formazione per chi perde il lavoro. Lo staff di Macron, a proposito del Jobs Act in salsa francese, ripete una sorta di mantra: "Dobbiamo agire in fretta, farlo subito e farlo prima che se ne accorgano i cittadini".

Peccato che i cittadini se ne siano già accorti. Una parte, perlomeno: appena eletto Macron è stato "salutato", nel cuore di Parigi, da una grande manifestazione contro di lui. A organizzarla, le forze di estrema sinistra. Studenti, disoccupati, anarchici ed esponenti del sindacato Cgt, che si sono dati appuntamento a Place della Republique. Slogan della protesta: "Lo Stato non è un'impresa".

"Mobilitiamoci sin da ora per dimostrargli che la piazza vuole farsi sentire e vuole combattere i suoi progetti di regressione sociale", si leggeva nell'appello degli organizzatori, che prima del voto di domenica avevano lanciato un loro slogan: "Né Macron, né Le Pen".

Nel mirino del collettivo "Front Social" ci sono le politiche "ultra-liberali" del presidente neo eletto. In uno striscione campeggiava una scritta minacciosa: "Cominciano 5 anni di lotta".

Assai più tesa era stata la protesta anticapitalista della notte della vittoria a Parigi. E altre proteste si erano svolte a Nantes, Lione, Grenoble, Strasburgo, Poitiers. Chiediamo: se avesse vinto la Le Pen sarebbero state riesumate le ghigliottine?

Tutti, in realtà, pensano già alle **elezioni politiche di giugno**. Quando si giocherà il futuro della Francia. E la vera preoccupazione per Macron si gioca alle legislative dell'11 e del 18 giugno 2017. Per poter governare, il neoeletto presidente "in marcia" avrà bisogno di vincere in un certo numero di seggi e poter contare su un buon numero di parlamentari di "En Marche!". Inverosimile che raggiunga la maggioranza dei 577 parlamentari che verranno eletti. Le Pen - appena autoincoronata leader del "maggior partito di opposizione" – allo stato degli atti conta solo su 2 parlamentari all'Assemblea Nazionale uscente. Mentre i due partiti maggiori - socialisti e repubblicani - ne hanno 280 e 194.

Macron, inoltre, dovrà giocoforza reperire alleati credibili e affidabili tra gli altri partiti, con cui elaborare un programma attuabile. Anche se, da tradizione, in un sistema presidenziale come quello transalpino lo spauracchio è la "coabitazione". **Anticamera della ingovernabilità e della paralisi.**

Stando agli ultimi sondaggi di cui abbiamo preso contezza mentre scriviamo, Macron potrebbe ottenere quasi 280 seggi, sfiorando la maggioranza assoluta.

A quel punto, egli potrebbe cercare una coalizione con un'altra forza, oppure – ipotesi più rischiosa e dagli esiti imprevedibili - andare avanti creando alleanze di volta in volta sui singoli temi.

Insomma, d'ora in avanti, Macron ha tutto da perdere e gran poco da vincere. E in definitiva, un po' come amava ripetere il mitico Napoleone Bonaparte: "Vincere non è niente, bisogna saper sfruttare il successo". Lo saprà fare, il giovane Macron?

1.0
La gig economy
di Eugenio Benetazzo

Quando si pensa alla prima rivoluzione industriale si immagina per sentito comune ad una invenzione tecnologica come la macchina a vapore di James Watt ed alle sue successive implementazioni pratiche come il telaio tessile o un locomotore per il trasporto ferroviario. Ricordo ancora come veniva semplicisticamente descritta questa fase storica dell'evoluzione umana nei libri di storia di scuola media: in vero la prima rivoluzione industriale scaturisce da un insieme di trasformazioni e mutamenti di natura socieconomica, allora epocali, che produssero le condizioni per il verificarsi di un salto quantico per l'umanità.

Per convenzione sociale si utilizza l'invenzione della macchina a vapore dello scozzese James Watt, il quale in realtà si limitò a perfezionare il motore a vapore ideato da un ingegnere inglese dell'epoca, Thomas Newcomen, di fatto il vero padre della rivoluzione industriale. La macchina a vapore da sola non ha fatto la rivoluzione, ha necessitato della disponibilità di altri elementi endogeni ossia l'esistenza di notevoli capitali accumulati durante i decenni precedenti grazie ai fiorenti scambi mercantili inglesi ed alla presenza di miniere di ferro e carbone, facilmente trasportabili sui corsi d'acqua navigabili, che alimentarono l'emersione della siderurgia industriale inglese. Nell'immaginario collettivo si pensa all'introduzione della macchina a vapore per i primi utilizzi industriali, soprattutto nel settore tessile, come ad un momento di euforia ed affrancamento sociale, basta con il faticoso lavoro manuale, oggi abbiamo le macchine al nostro servizio: tuttavia le cronache di allora ci raccontano di tutt'altro clima.

Vi furono per anni movimenti, manifestazioni e fenomeni di protesta, anche con punte di conclamata violenza, nei confronti di queste nuove diavolerie tecnologiche, considerate il male assoluto per chi all'epoca lavorava proprio nel settore tessile. Prima dell'avvento dei grandi telai e dei grandi stabilimenti industriali, il lavoro di questo settore era prettamente di natura manuale con diversi milioni di individui, soprattutto di sesso femminile, che vi si adoperavano in qualità di cucitrici, tessitrici e filatrici. L'ingresso e l'impiego crescente del telaio tessile in quell'epoca rese inutili, costose e soprattutto obsolete in pochi anni quelle tipologie di lavori manuali.

Quella convergenza storica di innovazioni tecnologiche e condizioni sociali produssero nei decenni successivi alcune trasformazioni sullo stile di vita umano che tutt'oggi possiamo ancora ritrovare come la nascita e l'avanzata della borghesia a discapito delle elite aristocratiche, ma soprattutto **l'emersione del proletariato** con tutto quello che questo a sua volta produsse. Nascita di quartieri poveri, degrado sociale, alienazione del proprio tempo per un misero salario, stile e qualità di vita pessima, se non addirittura malsana: pensiamo a chi abbandonava le campagne perchè obbligato a causa del fenomeno delle enclosures. Nonostante stiamo parlando di una storica epoca per il genere umano, il vivere di tutti i giorni era una sorta di incubo ovviamente per chi aveva mezzi limitati e poche risorse. Ci fa un quadro ben dettagliato di quella situazione, il romanziere inglese Charles Dickens attraverso i suoi vari successi letterari. Proprio la miseria di quel periodo storico, dovuta ad una rivoluzione tecnologica e ad un surplus di braccia inutili per il mercato del lavoro di allora, furono fonte di ispirazione anche per altri autori di successo mondiale come Marx ed Engels.

Durante il 1800 e l'inizio del 1900 si è provato in tutti i modi a regolare, equilibrare o ribilanciare questo nuovo assetto della civiltà umana, quasi tutto questo fosse lo stadio pupale per giungere ad altro: pensiamo rispettivamente a socialismo, comunismo e neocapitalismo, tuttavia senza alcun conforto pratico da parte di ognuno di loro.

Oggi siamo molto distanti dalla prima rivoluzione industriale, cui nel frattempo si è avvicendata la seconda rivoluzione (l'era dei personal computer) ed anche la terza (l'era del world wide web). Il conto non si ferma qui perchè come è stato più volte evidenziato siamo entrati o stiamo entrando nella quarta rivoluzione industriale ossia **l'internet delle cose**: tutto il mondo connesso con tutto e con tutti. Questa quarta metamorfosi industriale sta anch'essa impattando nel nostro stile di vita e nei nostri livelli di reddito. Alcuni l'hanno chiamata pionieristicamente la gig economy ossia l'economia dei lavoretti, da non confondere con la sharing economy che rappresenta più un tentativo di contrastare lo strapotere di quello che resta del consumismo capitalistico in seguito alla grande crisi finanziaria del 2008. Smetti di fare parte di quel mantra turbocapitalistico produci, consuma, crepa e passa ad un livello superiore di coscienza condividendo i tuoi mezzi e le tue risorse assieme ad altre persone che a loro volta faranno lo stesso: questo tanto per non foraggiare il business di grandi multinazionali quanto per diffondere un maggiore senso di consapevolezza sull'uso e la condivisione delle risorse limitate del pianeta. I casi di Airbnb o BlaBlaCar rappresentano le killer application di questo periodo storico, ma sono appena la punta dell'iceberg, dietro loro ve ne sono migliaia che sono in piena gestazione e appena lanciate.

La **gig economy** è contigua alla sharing economy, nel senso che anch'essa di sviluppa grazie alle nuove infrastrutture e piattaforme digitali ed informatiche della quarta rivoluzione industriale. Sono invece esempi pratici della gig economy aziende come TaskRabbit o come Fiverr che permettono di monetizzare a chiunque determinate capacità professionali o disponibilità di tempo con un time to market praticamente immediato, bypassando il ricorso ai tradizionali ed antiquate metodiche di commercializzazione o distribuzione, spesso costosi in fase di avvio di attività ed in taluni casi non sempre disponibili a tutti.

La gig economy permette pertanto di crearsi un mestiere ed anche una farsa di stipendio (o qualcosa che gli possa assomigliare vagamente) sfruttando il potenziale di contatto della rete e le modalità con cui queste attività vengono poi successivamente erogate o fruite. Un esempio pratico val piu di mille parole: il docente di ripetizione che insegna a distanza grazie alle video chiamate di Skype, il grafico freelance che riceve ordini e spedisce il suo lavoro di concept design per mezzo delle piattaforme di file sharing, il property room manager che gestisce la locazione di un immobile pubblicizzato su Booking.com, il traduttore di testi in lingua straniera, il baby sitter on-demand, insomma il cielo è il vostro limite. Li chiamano lavoretti (in inglese tasks, in americano gigs), tuttavia stanno creando una vera e propria economia parallela la cui dimensione è vista decuplicare come giro d'affari in pochi anni, creando anche non pochi interrogativi in numerosi ambiti applicativi (tassazione agevolata, tutela per l'utente, responsabilità professionali e cosi via).

In buona sostanza la gig economy è destinata a trasformare il mercato del lavoro tradizionale, anzi lo sta già trasformando in alcuni settori ed ambiti professionali, mettendo in discussione la sopravvivenza di moltissimi mestieri ed attività (magari un tempo ambiti).

Non si lavorerà più a tempo ma a risultato, si potrà per questo organizzare al meglio (in teoria) la propria giornata in pieno multitasking di ultima generazione: in pratica non esisterà più una separazione netta tra il tempo dedicato al lavoro e quello dedicato alla propria famiglia. Entro il 2025 scompariranno almeno il 40% dei mestieri attuali, alcuni di loro sono già oggi obsoleti ed inutili. Proprio come la prima rivoluzione industriale assisteremo nei prossimi anni a molta tensione sociale, chi infatti oggi espleta un mestiere obsoleto non vorrà farsi sostituire da una nuova tecnologia o peggio da una app che si interfaccia con i nuovi dispositivi mobili. Pensate a tal fine solo a tutta l'industria bancaria, cassieri, sportellisti e personale di front office che può essere tranquillamente paragonato alle cucitrici e tessitrici di oltre duecento anni fa. Proprio come allora si stanno creando le condizioni per un peggioramento delle condizioni di vita per il nuovo proletariato (quello che oggi possiamo chiamare generazione mille euro). Proprio come duecento anni fa aumenterà a dismisura il differenziale tra chi detiene molta ricchezza e chi invece è dotato di mezzi limitati, rivedremo una nuova lotta di classe, non più tra capitalisti ed operai, ma tra utenti dei big data assieme ai lavoratori della gig economy in contrapposizione ai grandi colossi dell'informatica e delle infrastrutture di rete che controllano il traffico di dati e l'accesso alla rete con tutte le sue varianti ed applicazioni. La qualità della vita per il nuovo proletariato peggiorerà ulteriormente proprio perchè diminuirà il tenore di reddito medio delle persone che lavoreranno come immersi in un'atmosfera di schiavitù surrogata nella tacita convinzione che quello stato delle cose sia propedeutico e temporaneo per arrivare ad altro di meglio. Proprio come duecento anni fa.

2.0
Replacement Migration
di Eugenio Benetazzo

L'ONU, l'organizzazione inter governativa con sede a New York nata alla fine della seconda guerra mondiale, conosciuta volgarmente come Nazioni Unite, persegue i seguenti tre scopi istituzionali: mantenere la pace e la sicurezza internazionale, risolvere pacificamente eventuali situazioni di conflitto che potrebbero portare ad una rottura della pace ed infine sviluppare relazioni amichevoli tra le nazioni aderenti sulla base del rispetto del principio di uguaglianza tra gli Stati.

Il suo operato trova manifestazione attraverso svariati enti istituiti dall'Assemblea Generale, ne ricordiamo alcuni dei più noti, il FMI, la FAO o il UNCHR (Alto Commissariato delle Nazioni Unite per i rifugiati) con sede a Ginevra. L'attuale (purtroppo) Presidente della Camera in Italia, Laura Boldrini, ha ricoperto il ruolo di portavoce del UNCHR per l'Europa Meridionale tra il 1998 ed il 2012, dopo di che qualcuno ha pensato di proporla come rappresentante di questa istituzione costituzionale.

In rete si sprecano i commenti a sfondo molto pittoresco nei suoi confronti viste le sue uscite in merito alla aggressione immigratoria che l'Italia sta affrontando con aumentata intensità da più di tre anni. Di fatto Laura Boldrini è stata un funzionario dell'ONU, insignita addirittura nel 2009 da Famiglia Cristiana come italiana dell'anno per il suo costante impegno a favore dei migranti e richiedenti asilo politico. Proprio in seno all'ONU potete trovare le chiavi di lettura che spiegano perchè questa donna ricopra tale carica in

Italia. L'immigrazione (volutamente) selvaggia unita all'invasione controllata oggi rappresentano i temi di confronto e scontro politico principale non solo in Italia ma anche in altre nazioni europee.

Proprio ogni elettore medio europeo infatti oggi è molto sensitive a questo argomento: la gestione mediatica di questo fenomeno così impattante per questi paesi rappresenterà il main driver per le prossime elezioni politiche in Germania ed anche Italia. Quanto sta accadendo in Europa è stato concepito ed analizzato con largo anticipo sin dal 2000 proprio in seno all'ONU, precisamente all'ufficio della Population Division della DESA (Department of Economic and Social Affairs).

Quanto sto per riportarvi è liberamente consultabile sul sito delle Nazioni Unite ed il documento incriminato è intitolato Report **on Replacement Migration** edito nel Marzo del 2000 con successive release anno dopo anno, sino all'ultima del 2015. Se dovessi esprimere in poche parole la sintesi estrema del suo contenuto mi verrebbe da dire: cercasi stalloni da importare per fecondare le donne europee. Andiamo per gradi: questo report di analisi delle Nazioni Unite propone letteralmente la replacement migration (migrazione per sostituzione) come soluzione pratica all'invecchiamento e diminuzione della popolazione nelle economie occidentali (tranne gli USA) a fronte di un crollo del tasso di fertilità e del tasso di mortalità (pertanto un aumento della longevità).

L'ONU stima che tra il 1995 ed il 2050 paesi come il Giappone e l'Italia perderanno tra 1/4 ed 1/3 della loro attuale popolazione, arrivando ad avere un'età di vita media tra le più alte della storia del genere umano. Ad esempio in Italia l'età media passerà dai 41 anni del 2000 ai 53 anni del 2050, il che si tradurrà in un rapporto di due lavoratori per ogni pensionato rispetto all'attuale di quattro a uno. Dei vari paesi analizzati dal suddetto report, l'Italia è in assoluto la nazione che in proiezione **subirà la perdita maggiore** sul piano quantitativo della sua popolazione con una contrazione stimata del 28% entro il 2050. La stessa Unione Europea che nel 2000 era più grande di 100 milioni rispetto agli USA per tale data sarà più piccola di 18 milioni, contrariamente agli USA che invece aumenteranno di ¼ la loro capacità di risorse umane. Il tasso di crescita della popolazione anziana (older persons) sta crescendo ad un ritmo del 3.3 % all'anno, più velocemente di qualsiasi altra fascia di appartenenza.

Per il 2050 si stimano 2.1 MLD di persone con un'età superiore ai 60 anni, già oggi l'Europa detiene la più alta percentuale di anziani rapportata al totale della sua popolazione (24%). Il declino della popolazione italiana ed anche europea è (purtroppo) inevitabile, per questo è opportuno pensare alla replacement migration come exit strategy (attenzione, non sono mie parole, ma quelle riportate dall'ONU nel report suddetto). Assieme agli USA, anche Francia e Regno Unito saranno in grado mantenere la loro popolazione ed evitare il declino demografico, questo a seguito di diverse politiche immigratorie provenienti dalle colonie di un tempo. Questo significa che i paesi più vulnerabili sul piano demografico in Europa come Germania e Italia entro il 2050 saranno caratterizzati da una contrazione significativa in percentuale tra il 30% ed il 40% della loro popolazione che a quel punto sarà pertanto rappresentata da immigrati e loro discendenti diretti di pari proporzione.

Proprio in relazione alla loro dimensione demografica sia Germania che Italia **necessiteranno del più alto numero di immigrati** al fine di mantenere una parte della popolazione in età lavorativa in grado di sostenere sia welfare che stato sociale. L'Italia si stima necessiterà di almeno 6.500 **migrants** (termine che compare sin dal 2000 nei rapporti dell'ONU) per milione di abitanti ogni anno, mentre la Germania si potrà accontentare solo di 6.000. In assenza di flussi immigratori, potrà essere garantita la sostenibilità, ma non la vulnerabilità del lungo termine, innalzando ad **almeno 75 anni** l'età per poter accedere ai meccanismi di rendita previdenziale. Questa sfida di inizio millennio che avrà come scopo finale il contrasto al declino della popolazione e la gestione dell'invecchiamento della popolazione necessiterà di programmi e politiche attuative con una prospettiva di lungo termine.

Per questa ragione le questioni che avranno priorità per i governi che si succederanno nei diversi anni dovranno rispettivamente: definire e ricalcolare l'età appropriata per il pensionamento a fronte di una vulnerabilità sistemica dello stato sociale sul piano finanziario, i livelli di spesa e le tipologie di cure mediche che potranno essere fruite durante la vecchiaia a carico della fiscalità diffusa, i montanti di contribuzione che i lavoratori e datori di lavoro (workers & employers) dovranno far fronte per supportare sia il retirement che il healthcare della popolazione in vecchiaia ed infine le strategie per la gestione dell'immigrazione internazionale.

3.0
La vulnerabilità del debito italiano
di Eugenio Benetazzo

Quanto sono sostenibili le finanze pubbliche italiane? Dopo l'aggressione subita al debito pubblico nel 2011 possiamo confidare di avere una struttura del debito meno vulnerabile? Se ci fosse uno shock esogeno improvviso nei mercati finanziari internazionali che nuovo impatto ci sarebbe sugli oneri finanziari che gravano sul debito pregresso? Ci viene in aiuto per trovare una risposta a questi interrogativi il **DEF 2016** (Documento di Economia e Finanza) il quale all'interno della sua corposità - circa settecento pagine suddivise in tre macrosezioni - sviluppa una serie di analisi e scenari al fine di quantificare il rischio che grava ancora sul nostro debito pubblico.

Partiamo con questo assunto: se chi governa il Paese avesse la metà delle capacità e competenze di chi gestisce la struttura e la composizione del debito pubblico italiano (mi riferisco al Dipartimento del Tesoro), gran parte dei problemi della nostra nazione, sul piano economico, sarebbero ridimensionati o definitivamente risolti. Vero che abbiamo il quarto debito pubblico monstre del mondo per dimensione, ma vero anche che possiamo contare tra i migliori gestori di questa posta finanziaria nel suo complesso.

Andiamo per gradi e vediamo da dove scaturiscono queste constatazioni. Ricordiamo che chi produce debito pubblico è generalmente un governo con il suo operato a fronte delle politiche di bilancio adottate, mentre sta poi al Tesoro di quella nazione gestirlo sia in termini quantitativi che qualitativi (tipologia degli strumenti adottati e duration del debito). A consuntivo 2015 possiamo confermare la tendenza alla riduzione delle componenti di breve termine a favore di quelle a medio e lungo termine.

Sostanzialmente significa che lo stock di debito ha subito un aumento di titoli emessi a scadenze superiori ai 5 anni rispetto al 2014 con ovvia diminuzione dei titoli emessi a scadenze inferiori ai 5 anni o meno. Rimane invece nel complesso **abbastanza stabilizzata** la componente di debito con interesse variabile, soprattutto titoli indicizzati all'inflazione ed all'euribor. La scelta di implementare quanto sopra ha consentito di conseguire una significativa riduzione dei rischi a cui è stato esposto lo stock di debito negli anni precedenti, in particolar modo per la parte oggetto di annuale rifinanziamento.

La vita media dei titoli di stato italiani pertanto si allunga per la prima volta in quattro anni passando da un 6.38 anni a 6.52: questo ha consentito in extrema ratio ad una distribuzione più uniforme nel tempo delle quote di debito da rifinanziare a fronte della loro naturale scadenza. In aggiunta si può considerare per questo la struttura del debito anche **meno vulnerabile** ad attacchi speculativi o tensioni improvvise sui mercati finanziari dei tassi di interesse. A tal proposito si stima che un aumento improvviso dello spread di 100 punti base, produrrebbe un aumento della spesa pubblica per oneri finanziari sul debito solo per lo 0.13% del PIL il primo anno, lo 0.28% del PIL il secondo anno e lo 0.40% del PIL nel terzo anno.

Nel 2015 la spesa per interessi ha continuato la sua discesa portandosi a 68.4 MLD, in riduzione di 6 MLD rispetto il 2014. Attenzione che questa cifra riguarda gli interessi sullo stock di debito pubblico, in aggregato per la contabilità nazionale a questo importo si devono aggiungere anche gli interessi passivi che gravano sui vari conti di tesoreria (come i depositi postali).

La discesa degli oneri finanziari sullo stock di debito è conseguente alla **discesa dei tassi di interesse** per mano della BCE e alla discesa dell'inflazione, che impatta sui rendimenti dei titoli con interesse indicizzato. In aggiunta circa la metà dei titoli di stato di nuova emissione ogni anno interessa scadenze a breve termine, le quali beneficiano ormai da diversi mesi di interessi reali negativi, producendo in questo modo un effetto benefico sul complesso dei conti pubblici.

Le simulazioni che sono state effettuate sullo stock di debito in caso di shock esogeni si sono sviluppate su due versanti: un possibile shock, temporaneo o permanente, sulla dinamica dei tassi di interesse relativi ai mercati finanziari e secondariamente in uno shock esterno che possa compromettere il driver di crescita del Paese. A tal proposito la sensitività del debito pubblico (intesa come attitudine a subire le conseguenze di stimoli esterni) viene valutata sulla base del rapporto debito/pil in sostituzione della sola variabile quantitativa degli oneri finanziari.

In tal senso le simulazioni effettuate dal Tesoro ci dicono che il rapporto in questione potrebbe spingersi sino ad 139% dall'attuale 132% anche in presenza di uno shock di notevole intensità. Naturalmente queste proiezioni trovano il loro conforto a fronte di uno scenario di riferimento per la crescita che si desume dal DEF 2016 ossia **si confida che il PIL italiano cresca** di 1.2% nel 2016, 1.4% nel 2017 e 1.5% nel 2018: già sappiamo che questi dati sono stati rivisti al ribasso per voce dello stesso Padoan. In parallelo vengono per questo anche ipotizzate due ulteriori scenari di riferimento, uno a bassa crescita (ossia 0.5 punti in meno rispetto allo scenario del DEF) ed uno scenario ad alta crescita (0.5 punti in più rispetto allo scenario del DEF). Tralascio per ragioni espositive di commentare lo scenario a crescita alta visto che ormai è già stato disatteso e mi concentro su quello a bassa crescita visto che è in linea con le proiezione del PIL attuali.

In questo caso assisteremmo ad un aumento della curva dei rendimenti di 100 punti base (ossia il debito in media verrebbe a costare un punto percentuale in più) sino ad almeno il 2019, questo in conseguenza di una maggiore necessità di provvista finanziaria dovuta alla diminuzione dell'avanzo primario causa minore crescita rispetto alle attese. In sintesi pertanto possiamo dire che il debito pur non presentando tendenze esplosive alla crescita, rimarrà comunque a livelli significativamente elevati in termini di rapporto debito/pil, il cui possibile **ridimensionamento appare fosco e incerto** nei successivi dieci anni in presenza purtroppo di una bassa crescita. Termino questo approfondimento soffermandomi anche sullo scenario di lungo termine relativo alla sostenibilità fiscale del Paese in accordo con le elaborazioni sviluppate dal EPC-WGA (Economic Policy Commitee Working Group on Ageing), un think tank europeo che appronta analisi sulla sostenibilità dei paesi europei sino al 2060 a fronte delle proiezioni demografiche fornite da Eurostat.

Qui penso che molti di voi strizzeranno gli occhi. La sostenibilità della spesa pubblica nel lungo termine rapportata alle **dinamiche demografiche** viene valutata a fronte del contributo fornito da cinque diverse componenti: la spesa pubblica per le pensioni, la spesa sanitaria, la spesa per l'assistenza sanitaria (ossia long term care, soprattutto assegni di accompagnamento), la spesa per l'istruzione e la spesa dovuta agli ammortizzatori sociali. In buona sostanza questo scenario ritiene il Paese finanziariamente e fiscalmente sostenibile, se e soltanto se, vengono rispettate le seguenti tre ipotesi di assetto demografico: l'Italia deve beneficiare di un **apporto immigratorio annuo netto di almeno 300.000 unità** (considerando i fenomeni di espatrio e le morti per cause naturali); tale apporto deve essere progressivamente aumentato di anno in anno almeno per i prossimi 15 anni; la speranza di vita media al 2060 non deve essere superiore agli 85.5 anni per gli uomini e agli 89.7 anni per le donne; infine il tasso di fecondità non deve essere inferiore a 1.6 figli per donna.

In percentuale sul PIL tale categorizzazione della spesa pubblica denominata age related (ossia correlata alle cinque componenti sopra menzionate) è calcolata al 28.3% nel 2015, con possibile riduzione al 27.2% entro il 2020. Ricordiamo che praticamente la metà è attribuibile solo alla spesa per pensioni con un 15.8% nel 2015: tale rapporto a fronte del graduale processo di innalzamento dei requisiti minimi di accesso al pensionamento dovrebbe iniziare a ridursi a partire dal 2030/2035 per attestarsi verso il 2060 al 13.9% del PIL.

NOTE SUGLI AUTORI

Eugenio Benetazzo è un economista e saggista fuori dal coro, conosciuto alla stampa di settore come il Nouriel Roubini italiano per il suo modo irriverente e dissacratore con cui analizza e racconta lo scenario macroeconomico contemporaneo.

Operatore di borsa ed al tempo stesso wealth manager, vive e lavora in Italia, Spagna e Malta, è considerato un vero e proprio guru soprattutto grazie alla sua ineguagliabile capacità di lettura e sintesi del panorama finanziario e socioeconomico della nostra epoca. I suoi seminari finanziari sulle dinamiche del risparmio gestito e sulle opportunità di investimento, convogliano migliaia di persone da tutta Italia desiderose di apprendere la sua view sui mercati.

Le sue opinioni appaiono sempre più spesso sulla stampa finanziaria di settore: la sua figura è balzata agli onori delle cronache finanziarie per aver previsto e profetizzato con largo anticipo la crisi del 2008 con il bestseller allora controcorrente scritto nel 2006 denominato "Duri e Puri: Aspettando un nuovo 1929" ed un ciclo di show finanziari itineranti in tutta Italia dal titolo Funny Money.

Nel 2009 ha pubblicato il pamphlet economico Bancarotta incentrato sulle conseguenze economiche della crisi dei mutui subprime, nel 2010 dimostra ancora di essere in grado di leggere meglio di chiunque altro il panorama finanziario, pubblicando L'Europa sé rotta, anticipando di un anno la crisi del debito sovrano europeo esplosa nell'estate 2011. Ulteriori successi in ambito editoriale negli anni seguenti sono stati rispettivamente: Padrone del tuo denaro, Neurolandia e la Crisi infinita.

Ricopre la carica di Presidente in Deltoro Asset Management, un incubatore finanziario configurato in società per azioni, di cui lui stesso è fondatore ed azionista, nato dall'aggregazione di centinaia di piccoli investitori italiani desiderosi di cogliere le migliori opportunità di investimento attraverso un meccanismo decisionale basato sulla partecipazione collettiva di tutti gli azionisti. Il suo tour itinerante con spettacoli di informazione finanziaria ha ormai attraversato tutta la penisola. Le sue analisi macroeconomiche sono richieste da una pluralità di interlocutori economici differenziati: sono migliaia ormai in tutta Italia i bloggers che riportano e veicolano le sue recensioni sulle principali notizie economiche.

Gianluca Versace nasce a Monfalcone, in provincia di Gorizia. Laureato in giurisprudenza, è giornalista professionista, conduttore di punta dell'emittente televisiva nazionale Canale Italia. A diciott'anni pubblica il primo romanzo, "Il teatro degli gnomi". E' sua una tra le trasmissioni tv più discusse e clamorose degli ultimi anni: il 4 gennaio 2003, negli studi di Serenissima tv, la puntata del suo programma "Attenti al Lupo!", dedicata al conflitto di civiltà tra Islam e Occidente, si trasformò in una violenta rissa tra il professor Carlo Pelanda e Adel Smith: immagini finite sugli schermi delle più importanti emittenti mondiali. È editorialista del periodico "Il Piave" e nel 2014 ha pubblicato, per Publimedia, una raccolta di articoli, "Razza Piave", grande successo editoriale. In coppia con

Eugenio Benetazzo, per Chiarelettere, ha pubblicato "Neurolandia" (2012) e "Eurocracy" (2016). Con il thriller "Il Domatore del Fuoco" (Mazzanti Libri), ad agosto 2012 ha vinto il "Premio Internet Cortina d'Ampezzo". Nel 2015, a quattro mani con Franco Trentalance, ha pubblicato per Ultra-Castelvecchi il thriller "Tre giorni di buio". A gennaio 2017, ancora per Publimedia, è uscita la sua prima raccolta di poesie, "I docili rumori delle offese".

FONTI BIBLIOGRAFICHE

- FMI   www.imf.org
- ONU   www.un.org
- BCE   www.ecb.org
- European Union   www.europa.eu
- UNHCR   www.unhcr.org
- China Daily   www.chinadaily.com.cn
- China Post   www.chinapost.com.tw
- The White House   www.whitehouse.gov
- Washington Post   www.washingtonpost.com
- The Guardian   www.theguardian.com
- New York Times   www.nytimes.com
- WS Journal   www.wsj.com
- Financial Times   www.ft.com
- Il Sole24ore   www.ilsole24ore.it
- USA Today   www.usatoday.com
- BBC News   www.bbc.com
- Le Monde   www.lemonde.fr
- Le Figarò   www.lefigaro.fr
- Russia Today   www.rt.com
- Banca d'Italia   www.bancaditalia.it
- ABI   www.abi.it
- ISTAT   www.istat.it
- RGS   www.rgs.mef.gov.it

ALTRE OPERE DEGLI AUTORI

- **Duri e Puri, Aspettando un nuovo 1929**
  Editore: Macro Edizioni, 2006
  Autore: Eugenio Benetazzo
- **Best Before, Preparati al peggio**
  Editore: Macro Edizioni, 2007
  Autore: Eugenio Benetazzo
- **Banca Rotta**
  Editore: Sperling & Kupfer, 2008
  Autore: Eugenio Benetazzo, David Parenzo
- **L'Europa s'è rotta**
  Editore: Sperling & Kupfer, 2009
  Autore: Eugenio Benetazzo, David Parenzo
- **Padrone del tuo denaro**
  Editore: Sperling & Kupfer, 2010
  Autore: Eugenio Benetazzo
- **Era il mio paese**
  Editore: Baldini Castoldi, 2011
  Autore: Eugenio Benetazzo
- **Neurolandia**
  Editore: Chiarelettere, 2012
  Autore: Eugenio Benetazzo, Gianluca Versace
- **La crisi infinita**
  Editore: Create Space, 2014
  Autore: Eugenio Benetazzo
- **Eurocracy**
  Editore: Create Space, 2016
  Autore: Eugenio Benetazzo, Gianluca Versace